WELTREKORDE ZUM NACHBAUEN

PAPIER-FLUG-ZEUGE

Text von Ken Blackburn

Design der Papierflugzeuge
Ken Blackburn & Jeff Lammers

KÖNEMANN

Für Paul und Lynn Blackburn; Dank für Eure Liebe und Unterstützung, und dafür, dass Ihr meinen forschenden Geist stets gefördert und mich gelehrt habt, ausdauernd und fleissig zu sein.

Mein Dank gilt auch Jennifer Lammers, Karen Goodwin und Denise Crews, die zum Enstehen dieses Buches durch Korrekturlesen und unzählige Testflüge beigetragen haben.

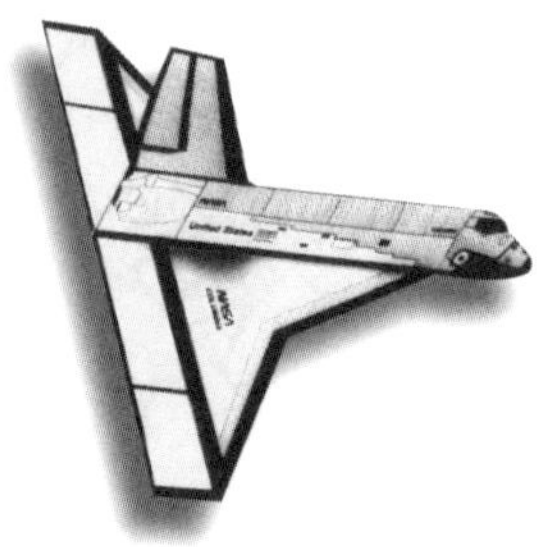

First published by
Workman Publishing Company, Inc.
708 Broadway
New York, NY 10003

Originaltitel: The World Record Paper Airplane Book
Illustrationen und Shuttlegrafiken: David Allen
Fotos: Walter Chrynwski
Fotonachweis für Basic Square Plane: Doug Armand/© Tony Stone Worldwide
Vortex-Planetgrafik: Ron Miller
Basic-Dart-Grafik: Abdruck mit Genehmigung von *Wall Street Journal* © 1994
Dow Jones & Company, Inc. All Rights Reserved Worldwide.

Übersetzung: Martina Unger für GAIA Text, München
Redaktion und Satz: GAIA Text, München

*KÖNEMANN ist eine eingetragene Marke der Tandem Verlag GmbH

Printed in Germany
ISBN 3-8331-1095-3

10 9 8 7 6 5 4 3 2 1
X IX VIII VII VI V IV III II I

Inhalt

EINFÜHRUNG: DIE GESCHICHTE DES WELTREKORD-PAPIERFLIEGERS 4

1. EIN STREIFZUG DURCH DIE AERODYNAMIK 9
- Warum Papierflieger fliegen 9
- Warum Papierflieger abstürzen 10

2. HERSTELLUNG EINES PAPIERFLIEGERS 12
- Keine Angst vorm Falten 12
- Die Bedeutung der Feineinstellung 13

3. DIE BESTEN WURFTECHNIKEN 15

4. OPTIMALE FLUGPLÄTZE 17
- Fliegen zu Hause oder im Büro 17
- Fliegen im Freien 19
- Fliegen in weitläufigen Innenräumen 21

5. DIE KUNST DER AEROBATIK 22
- Kreise 22
- Loopings 23
- Sturzflüge und Männchen 24

6. FLUGWETTKÄMPFE 25
- Organisation eines Wettbewerbs 25
- Kampf um die Trophäe 28

7. ANLEITUNG ZUM FALTEN UND ZUR FEINEINSTELLUNG 29
- Allgemeine Richtlinien 29
- Basic Square Plane 30
- Basic Dart 32
- Stunt Plane 34
- Eagle 36
- Chopper 38
- Interceptor 40
- Hornet 42
- Vortex 44
- Shuttle 46
- Hammerhead 48
- World Record Paper Airplane 50
- Phantom 52
- Valkyrie 54
- Condor 56
- Pterodactyl 58
- Camel 60

8. DAS FLUG-LOGBUCH 62

9. DER HANGAR – ALLE FLIEGER AUF EINEN BLICK 64

Die Geschichte des Weltrekord-Papierfliegers

Als ich im Alter von etwa acht Jahren einen meiner häufigen Ausflüge in die Luftfahrtabteilung der Bibliothek in Kernersville, North Carolina unternahm, fiel mir dort ein Buch in die Hände, das eine Faltanleitung für einen einfachen, viereckigen Papierflieger enthielt. Wie sich herausstellte, flog er besser als die spitzen Modelle, die ich bis dahin gekannt hatte. Senkrecht in die Luft geworfen, erreichte er eine wesentlich größere Höhe.

Zum Leidwesen meiner Lehrer faltete ich nun unzählige solcher Flieger; wobei ich das Originaldesign immer wieder veränderte und damit herumexperimentierte. (Das Schöne an Papierfliegern ist ja, daß sie sich hervorragend für empirisch-praktische Tests eignen. Wenn ein Modell nicht fliegen will, ist es ganz einfach und billig, noch einmal von vorne anzufangen.)

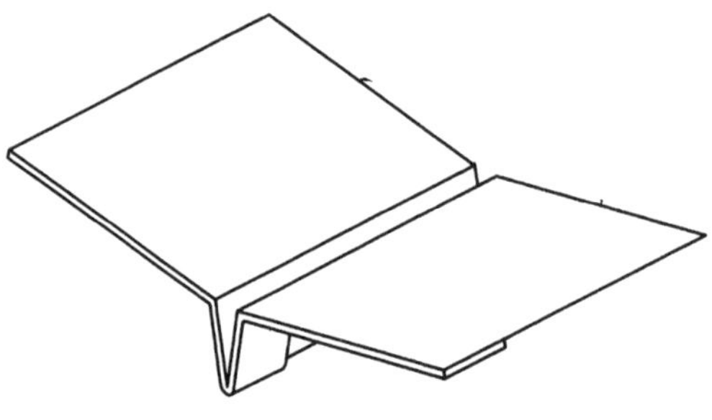

Basic Square Plane

Eines meiner Modelle flog, am höchsten Punkt angekommen, zunächst horizontal weiter und glitt dann langsam abwärts. Bei aufsteigenden Luftströmen dauerten die Flüge manchmal bis zu einer Minute, wobei die Flieger eine Strecke von etwa 300 m zurücklegten.

1977 bekam ich das *Guinness Buch der Rekorde* geschenkt. Natürlich schlug ich zuerst das Kapitel Luftfahrt auf. Der »Flugzeit«-Rekord für Papierflugzeuge lag bei 15 Sekunden und war 1975 von William Pryor aufgestellt worden. Da wurde mir klar, daß ich mit meinen Fliegern (ohne Hilfe des Windes) nahe am Weltrekord lag. Auf meinem nächsten Ausflug stoppte ich die Zeit der besten Flüge. Sie reichte noch nicht ganz, um den Weltrekord zu brechen, aber ich war mir ganz sicher, daß ich es mit ein wenig Übung schaffen konnte.

Mit diesem Ziel vor Augen verbesserte

ich das Design meiner Flieger und arbeitete an meiner Wurftechnik. Viele sind überrascht, wenn sie erfahren, daß ich die Wurftechnik für beinahe genauso wichtig halte wie den Flieger selbst. Je schneller der Wurf, desto höher steigt der Flieger, und dementsprechend länger dauert der Flug.

1979, ich war Junior in der High School, machte ich meinen ersten offiziellen Versuch, den Weltrekord zu brechen. Der Rekord war laut *Guinness Buch* über »freiem Feld« aufgestellt worden, deshalb wählte ich für meine Vorführung das Baseballfeld der Schule aus. Eines Nachmittags ließ ich dort meinen viereckigen Lieblingsflieger starten; meine Lehrer stoppten die Zeit, außerdem war ein Reporter vom *Winston-Salem-Journal* dabei. Mit Hilfe des Windes erreichte ich eine Flugzeit von 24,9 Sekunden, und damit würde ich – dessen war ich mir sicher – direkt in die Annalen der Geschichte eingehen.

Leider entsprach der Brief, den ich wenig später von der Firma Guinness Superlatives, Ltd., erhielt, nicht ganz meinen Vorstellungen. Ich wurde darüber informiert, daß der Flug noch einmal innerhalb eines Gebäudes wiederholt werden müsse.

Im Jahr darauf nahm ich einen Teilzeitjob im Reynolds Coliseum in Winston-Salem an, wo ich Autos parkte und Geräte auf- und abbaute. In meiner freien Zeit konnte ich eine riesengroße Halle für meine Papierflieger benutzen. Meine besten Flüge dauerten nun über 17 Sekunden, und ich wußte, ich konnte den Rekord spielend brechen. Dann kamen allerdings die Vorbereitungen fürs College dazwischen.

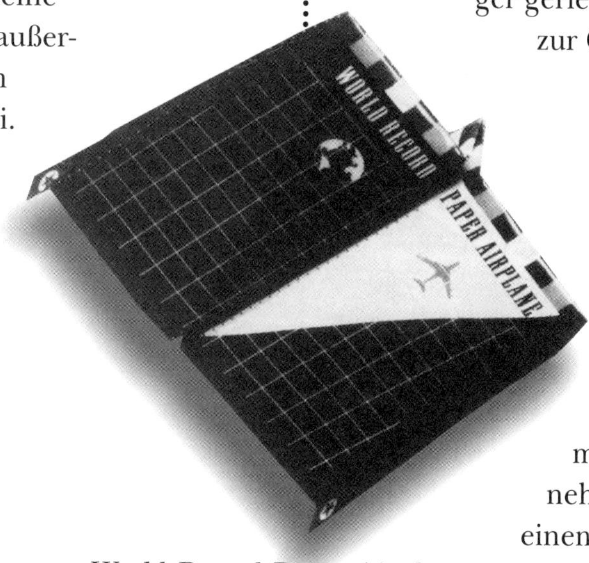

World Record Paper Airplane

Ein zweiter Versuch

Im August 1981 begann ich mein vierjähriges Studium der Luft- und Raumfahrttechnik an der North Carolina State University. Ich wohnte zunächst im sechsten, dann im achten Stock, verfügte also über eine perfekte Flieger-Abschußplattform (allerdings war es im Studentenwohnheim streng verboten, irgend etwas aus dem Fenster zu werfen). Aus jedem Stück Papier, das mir in die Finger geriet – vom Pizzakarton bis zur Computer-Lochkarte –, bastelte ich Flieger in den bizarrsten Formen und löste damit im Wohnheim bald ein regelrechtes Fliegerfieber aus.

Im vorletzten Studienjahr dann drängten mich meine Freunde zunehmend, noch einmal einen Schritt in Richtung Weltrekord zu wagen, und so beschloß ich, es wieder zu versuchen. Ich übte ein paar Mal in der Sporthalle der Universität und hob mir das Modell, das während der Übungsstunden am besten flog – es hieß »Old Bossy« –, für den Rekordversuch auf. Der gute alte Bossy erreichte normalerweise eine Flugzeit von mehr als 17 Sekunden und lag damit um einiges über dem 15-Sekunden-Rekord.

Ein Freund bestellte einen Reporter der Schulzeitung in die Sporthalle. Ich machte erst einige Aufwärmflüge und griff dann schließlich zu Old Bossy. Mit einem kräftigen Stoß warf ich den Flieger fast bis an die Dekke der Halle ... und direkt in ein paar dort befestigte Lautsprecher hinein. Ich war am Boden zerstört. Mein bester Flieger, Old Bossy, war für immer dahin!

Mein Zimmergenosse gab mir ein ganz normales Blatt Kopierpapier, aus dem ich schnell einen anderen Flieger bastelte. Mein zweiter Wurf mit dem neuen Modell war der beste an diesem Nachmittags und dauerte 16,89 Sekunden. Das reichte zwar, um den alten Rekord zu brechen, aber ich wußte genau, mit Old Bossy wäre ich besser gewesen. Ich schickte Guinness den Zeitungsartikel, die Unterschriften der Zeugen und Old Bossy's Stellvertreter. Dieses Mal bekam ich die Antwort, auf die ich gewartet hatte.

Nach Abschluß meines Studiums ging ich nach St. Louis, Missouri, und arbeitete dort für die Firma McDonnell Douglas. Im Sommer 1987 – ich war gerade dabei, eine Arbeit über die Brennstoff-Systemanalyse der F18 Hornet abzuschließen – bekam ich einen unerwarteten Anruf aus Kalifornien. Die Produktionsfirma Together Again plante eine Fernsehserie über Leute, die versuchen, einen Weltrekord zu brechen. Sie wollten wissen, ob ich daran interessiert sei, meinen »Flugzeit«-Rekord noch einmal zu brechen. Ich mußte nicht lange überlegen und antwortete mit einem entschiedenen Ja. Zum Glück ließ mir der Zeitplan der Produktionsfirma einige Wochen Zeit, um mich auf meinen zweiten Versuch vorzubereiten.

GUINNESS BUCH DER REKORDE 1985

Papierflieger

Der längste Flug eines Papierfliegers dauert 16,89 Sekunden. Dieser Rekord wird am 29. November 1983 von Ken Blackburn im Reynolds Coliseum der NC State University in Raleigh aufgestellt.

Ich fand eine zeitweilig nicht besetzte Montagehalle meiner Firma, in der ich üben konnte. Seit meinen Weltklasse-Würfen war schon einige Zeit vergangen, deshalb fing ich zunächst mit ein paar einfachen Würfen an und nahm am Design von Old Bossy einige Änderungen vor. Etwa eine Woche nach dem ersten Anruf rief mich die Produktionsfirma erneut an, um mir mitzuteilen, daß sich der Zeitplan geändert habe. Mein Weltrekordversuch war vorverlegt worden und würde in der nächsten Woche stattfinden. Jetzt wurde ich wirklich nervös. Normalerweise brauche ich mindestens einen guten Monat Übung, um meinen Arm für die Aufstellung eines Weltrekords in Form zu bringen.

Dritte Runde

Ich packte meine besten Übungsflieger in einen alten Schuhkarton und machte ich mich nach Milwaukee zu meiner spektakulären Show auf, für ich auch noch sämtliche Unkosten erstattet bekam. Wie sich herausstellte, nahm Tony Feltch, der Weltrekordhalter im Papierflieger-Langstreckenflug, ebenfalls an der Veranstaltung teil. Er würde versuchen, seinen Rekord zu brechen. So machten wir also im Milwaukee Convention Center unsere Übungsflüge.

Tony startete dann als erster und brach seinen alten Rekord schon nach wenigen Versuchen; sein Flieger flog über eine Strekke von fast 61 Metern. Die Filmaufnahmen und Interviews mit Tony zogen sich über Stunden hin. Ich stand daneben und schwitzte Blut und Wasser.

Endlich war ich an der Reihe. Zuerst kam das Interview mit der Showmasterin.

GUINNESS BUCH DER REKORDE 1989

Papierflieger

Der längste Flug eines Papierfliegers dauert 17,02 Sekunden. Dieser Rekord wird am 28. Juli 1987 von Ken Blackburn im Mecca Convention Center in Milwaukee, Wisconsin, aufgestellt.

Nach mehreren Anläufen gelang es mir endlich, meine Sätze flüssig zu sprechen, und wir gingen zum Rekordversuch über. Ich griff mir den Flieger, der sich während der Übungsflüge als der beste erwiesen hatte, und wartete auf das Zeichen des Produzenten, daß die Kameras liefen. Dann warf ich den Flieger in die Luft und sah zu, wie er wieder nach unten kam. Der Punktrichter stoppte eine Zeit von 15,02 Sekunden. Beim zweiten Wurf konzentrierte ich mich stärker, erreichte jedoch wieder nur 15,47 Sekunden. Plötzlich schoß mir der Gedanke durch den Kopf, daß es mir vielleicht nicht gelingen würde, den Rekord zu brechen. Denn selbst wenn ich gut in Form bin, schaffe ich mit meinem Arm nur wenige Würfe mit Weltrekordniveau an einem Tag.

Für den dritten Wurf nahm ich also all meine Kraft zusammen (die Hand erreicht bei einem guten Wurf eine Geschwindigkeit von schätzungsweise 100 km/h). Der Wurf schien besser zu sein, doch letzendlich würde erst die Stoppuhr Gewißheit bringen. Als das Flugzeug sanft und ruhig auf dem Boden landete, rief der Punktrichter: »17,20 Sekunden!« Ja, ein neuer Weltrekord! Zwei weitere Versuche machte ich noch, konnte aber diesen Rekord nicht mehr brechen.

Im darauffolgenden Februar wurde die Sendung ausgestrahlt. Freunde und Verwandte von Kanada bis nach Georgia sahen die Show. Kinder aus der Nachbarschaft hörten von meinem Rekord und baten mich, ihre Papierflieger zu signieren, was ich natürlich auch gerne tat. Denn wie oft hat man schon Gelegenheit, berühmt zu werden?

Eine weitere Chance

Der Trubel legte sich bald, und ich nahm mein normales Leben wieder auf. Aber ich arbeitete weiterhin an der Verbesserung meiner Papierflugzeuge. 1990 – ich war zu der Zeit in Kalifornien tätig – begann ich mit der Feineinstellung meiner Flieger und trainierte meinen Wurfarm, woraufhin ich einige Male Flüge von 20 Sekunden Dauer erreichte (was natürlich niemand sah und auch nicht offiziell notiert wurde).

Im Januar 1994 erhielt ich abermals einen überraschenden Telefonanruf von einem Fernsehsender. Dieses Mal kam er von der Show *Record Breakers*, die von der British Broadcasting Company ausgestrahlt wurde. Man fragte mich, ob ich Lust hätte, nächsten Monat in New York meinen Weltrekord erneut zu brechen. Wieder sagte ich begeistert zu.

Ich hatte vier Wochen Zeit, meinen Arm – den Arm eines Dreißigjährigen – zu trainieren. Also begann ich in einem Fitness Club sofort mit dem Hanteltraining. Ich fand dort glücklicherweise einen Trainer, der am örtlichen College in der Baseballmann-

AKTUELLER EINTRAG INS GUINNESS BUCH DER REKORDE

Papierflieger

Der längste Flug eines Papierfliegers dauert 18,80 Sekunden. Dieser Rekord wird am 17. Februar 1994 von Ken Blackburn in der Flughalle 10 der American Airlines am Flughafen JFK in Queens, NY, aufgestellt.

schaft spielte. Zudem bastelte und testete ich mehr als 30 verschiedene Modelle meines Weltrekordfliegers. Nach der Arbeit nutzten meine Frau Sarah und ich regelmäßig eine leere Montagehalle der Firma McDonell Douglas; ich übte, und sie stoppte die Zeit meiner Würfe. Jeder Flieger wurde numeriert, um genau zu dokumentieren, wie gut oder wie schlecht er flog. Schließlich beschränkte ich die Zahl der Exemplare, die ich mit nach New York nehmen wollte, auf acht Stück.

Am 17. Februar stand ich am Flughafen JFK neben einer riesigen DC-10 in der Flugzeughalle Nr. 10 der American Airlines, wo der Rekordversuch stattfinden sollte. Ich ging auf das Flugzeug zu und betrachtete ehrfürchtig das 60 Meter lange und 100 Millionen Dollar teure Vorbild meines 13 Zentimeter langen, gefalteten Stück Papiers. Ich hatte eine ganze Menge begeisterter Zuschauer – die Wartungsmannschaft der Flugzeughalle und anderes Personal –, und alle warteten sie darauf, mit anzusehen, wie der Weltrekord gebrochen würde.

Die Kameras begannen zu laufen. Ich war zwar zuversichtlich, aber nervöser, als ich gedacht hatte. Mein erster Wurf war ein Fehlstart. Beim zweiten Versuch konzentrierte ich mich ganz auf die richtige Wurftechnik und gab alles, was ich konnte. Diesmal fiel der Start besser aus. Der Flieger zog eine langsame Linkskurve, wobei es fast zu einer Kollision mit dem Heck der DC-10 kam. Ich wußte, das war ein guter Flug gewesen, aber nur der Mann mit der Stoppuhr wußte, wie gut.

Als er »18,80 Sekunden« rief, fingen alle an zu klatschen. Ich hatte schon ganz vergessen, wie aufregend es sein konnte, einen Rekord aufzustellen, und noch Stunden danach zehrte ich von diesem Adrenalinstoß.

Warum ich es nicht noch einmal versuche? Mein Wurfarm ist heute nicht mehr das, was er einmal war, und 18,80 Sekunden zu überbieten, ist nicht einfach. Aber noch habe ich meine besten Jahre nicht hinter mir, und 20 Sekunden wären eine Herausforderung. Die Zeit wird es zeigen.

NICHT NUR EIN PRODUKT UNSERER PHANTASIE

Für jedes der in diesem Buch vorgestellten Papierflugzeuge existiert ein Original, das nach denselben Prinzipien funktioniert. Manche Modelle sind ziemlich selten, so auch folgende Beispiele:

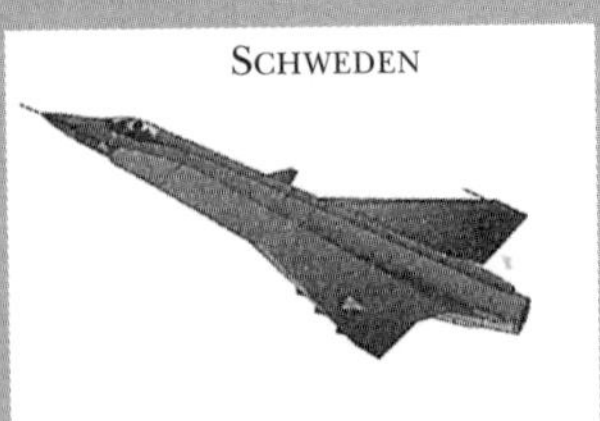

Saab Draken

Jantar Standard 3

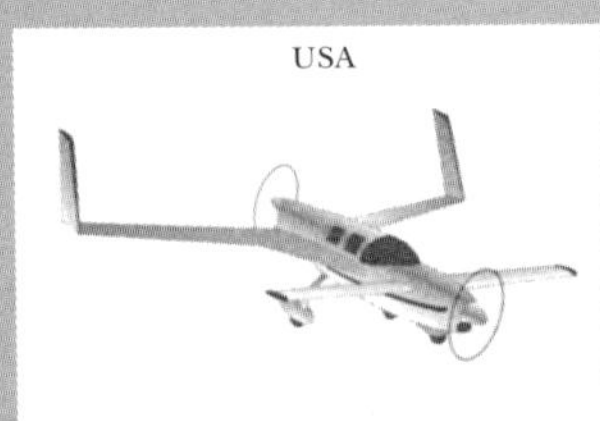

Rutan Defiant

Aerodyne

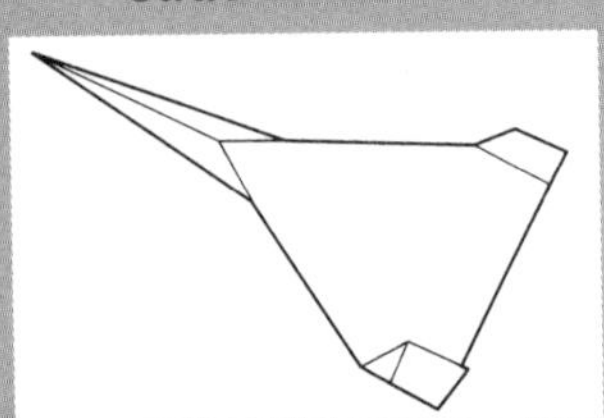

Phantom

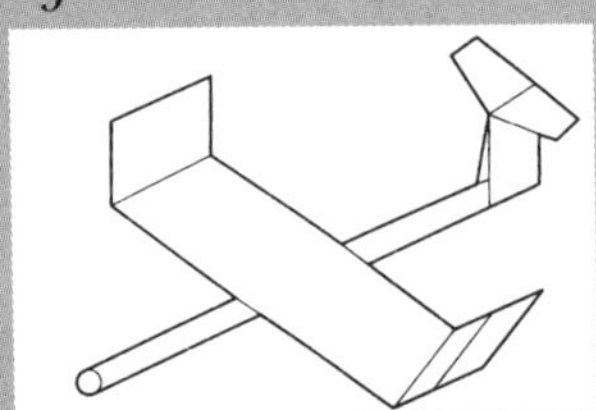

Condor

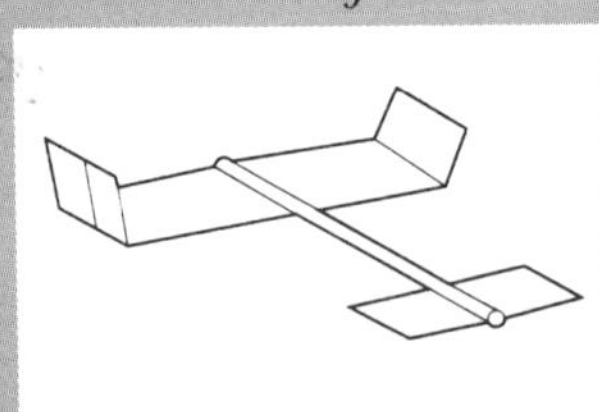

Pterodactyl

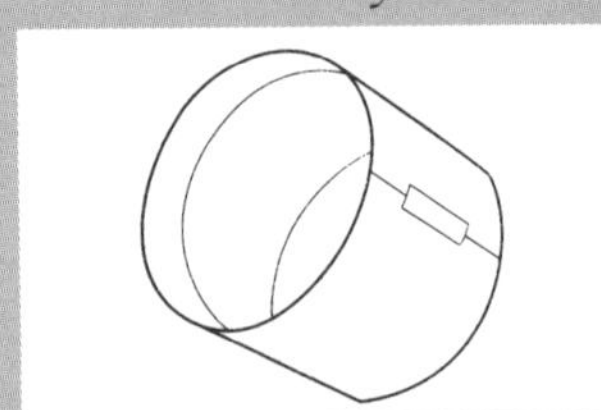

Vortex

Ein Streifzug durch die Aerodynamik

Warum Papierflieger fliegen

Trotz meines Studiums der Luft- und Raumfahrttechnik und vieler Jahre praktischer Erfahrung fällt es mir nicht leicht zu erklären, warum ein Papierflieger in der Luft bleibt. Als erstes kann man sagen, daß für ein Papierflugzeug die gleichen Grundregeln gelten wie für ein richtiges. Bei beiden spielen folgende Kräfte eine grundlegende Rolle: Gewicht, Auftrieb, Schubkraft und Luftwiderstand. Man kann es sich etwa so vorstellen wie zwei Mannschaften beim Tauziehen um ein Flugzeug, das in der Mitte an dem Seil befestigt ist.

Gewicht vs. Auftrieb

Die erste Mannschaft, bestehend aus Gewicht und Auftrieb, veranstaltet ein vertikales Tauziehen. Da die Schwerkraft ständig versucht, das Flugzeug wieder auf den Boden zu bringen, zieht das **GEWICHT** also am unteren Ende des Taus. Durch den **AUFTRIEB** erfährt das Flugzeug einen Sog nach oben. Während des Fluges sind die Flugzeugflügel schräggestellt, d. h., der vordere Teil der Flügel liegt höher als der hintere. Somit geht der Luftstrom über die Oberseite der Tragflächen hinweg und wird durch die Sogwirkung über der Tragfläche leicht beschleunigt. Der Luftstrom unterhalb der Tragfläche wird durch den Schub, der an ihrer Unterseite entsteht, verlangsamt. Durch dieses Zusammenspiel von Beschleunigung und Verlangsamung des Luftstroms entsteht der Auftrieb.

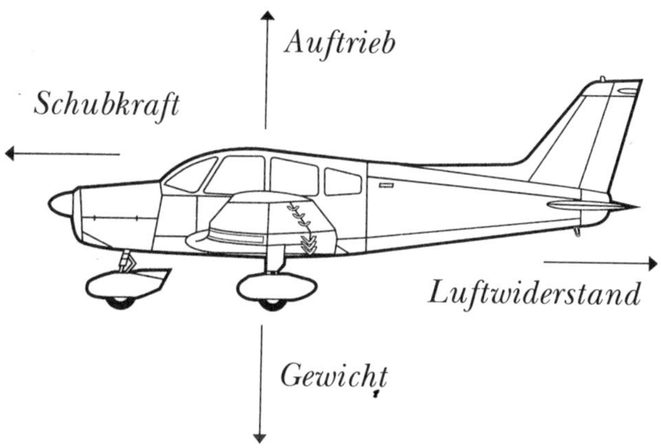

Wie der Schweizer Wissenschaftler Daniel Bernoulli im 18. Jahrhundert herausfand, senkt sich bei Luft, die beschleunigt wird, der Druck ab, wird sie jedoch verlangsamt, steigt der Luftdruck an. Aus diesem Grund entsteht durch die Luft, die über die Oberseite der Tragfläche streicht, ein leichter Sog, der auf die Flügel einen Druck nach oben ausübt. Gleichzeitig entsteht durch die Luft unterhalb der Tragfläche ein zusätzlicher Druck, der die Flügel ebenfalls nach oben drückt. Der Auftrieb ist also eine Kombination dieser beiden Kräfte. Während des normalen, waagerechten Fluges gleichen sich Auftrieb und Schwerkraft aus. Wird der Auftrieb stärker, steigt das Flugzeug auf, erhöht sich die Schwerkraft, sinkt es ab.

Luftwiderstand vs. Schubkraft

Während Auftrieb und Schwerkraft das Flugzeug nach oben oder unten ziehen, ziehen Schubkraft und Luftwiderstand es nach vorne bzw. nach hinten. Wenden wir uns zunächst dem **LUFTWIDERSTAND** zu. Läßt man ein Papierflugzeug durch einen Raum fliegen, wirkt eine Kraft auf das Flugzeug ein, die es immer langsamer werden läßt. Sie entsteht hauptsächlich durch den Luftwiderstand. So dünn und unstofflich Luft auch sein mag, sie hat doch Masse und läßt sich in mancher Hinsicht mit dünnflüssigem Sirup vergleichen. Aufgrund dieser Konsistenz haftet die Luft auch während des Fluges am Flugzeug und setzt der Bewegung einen Widerstand entgegen. Auch der Auftrieb erzeugt Luftwiderstand: Er übt auf das Flugzeug keinen direkten Druck nach oben aus, sondern der Druck erfolgt nach oben und leicht nach hinten, wobei der Druck nach hinten den Luftwiderstand erhöht.

DIE DREI WICHTIGSTEN ARTEN DER STABILITÄT

- ✯ Neigungsstabilität
- ✯ Kursstabilität
- ✯ Absturz-Stabilität

Die **SCHUBKRAFT** befindet sich am anderen Ende unseres imaginären Seils und übt auf das Flugzeug einen Druck nach vorne aus. Bei richtigen Flugzeugen entsteht die Schubkraft durch einen Propeller oder ein Düsentriebwerk. Papierflugzeuge erhalten die Schubkraft aus dem Arm des Werfenden und dann aus der Schwerkraft. Durch den Wurf erhält das Flugzeug seine Anfangsgeschwindigkeit; danach gleitet es langsam nach unten, wobei es sich von der Schwerkraft praktisch ziehen läßt (wie ein Fahrrad, das im Leerlauf einen Berg hinunter rollt). Wirft man ein Papierflugzeug von einem Gebäude oder Berg hinunter, fliegt es in einem Winkel abwärts, bei welchem Schwerkraft und Luftwiderstand sich ausgleichen, so daß das Flugzeug nicht abgebremst wird. Der normale Luftwiderstand eines Papierfliegers beträgt etwa ein Fünftel seines Gewichts. Voraussetzung dafür, daß die Schwerkraft dem Luftwiderstand genügend entgegenwirken kann, ist, daß der Flieger in einem Winkel von ungefähr 11° abwärts fliegt.

Warum Papierflieger abstürzen

Neben den Kräften, die den Flug beeinflussen können, ist es auch ganz hilfreich, einige der Eigenschaften zu kennen, die alle guten Flugzeuge aufweisen. Die wichtigste Eigenschaft ist die **STABILITÄT.** Durch sie ist das Flugzeug in der Lage, einen schlechten Wurf oder einen starken Windstoß auszugleichen. Ein instabiles Flugzeug wird außer Kontrolle geraten oder im Spiralflug abstürzen. Es gibt drei grundlegende Typen von Stabilität: Neigungsstabilität, Kursstabilität und Absturz-Stabilität. Die Neigungsstabilität sorgt dafür, daß sich der Bug des Flugzeugs nicht zu weit nach oben oder unten richtet. Durch die Kursstabilität wird ein Ausbrechen des Bugs nach links oder rechts verhindert. Die Absturz-Stabilität ist dafür verantwortlich, daß das Flugzeug nicht ins Trudeln gerät oder sich um seinen eigenen Rumpf dreht.

Dank der ersten, der **NEIGUNGSSTABILITÄT**, fliegt das Flugzeug mit konstanter Geschwindigkeit. Richtet sich der Bug des Flugzeugs nach oben, so wird es langsamer. Richtet er sich nach unten, so wird es schneller. Innerhalb der Gesamtlänge des Flugzeugrumpfes gibt es einen kurzen Abschnitt, der ausbalanciert werden muß, um die optimale Neigungsstabilität zu erreichen. Bei echten Flugzeugen reicht dieser Abschnitt von eini-

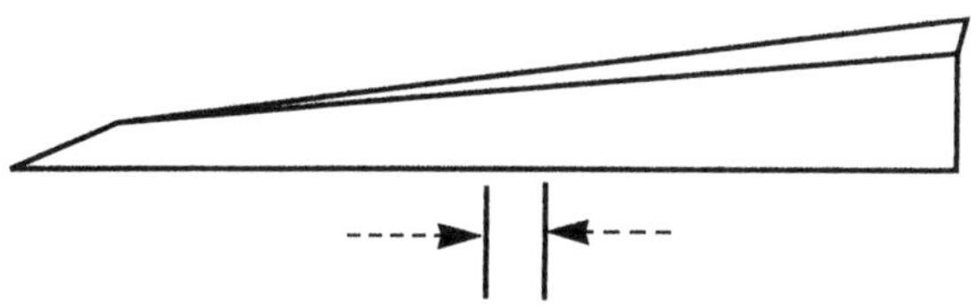

Optimaler Schwerpunkt

gen Zentimetern (bei einem Zweisitzer) bis hin zu einigen Metern (bei einer 747). Bei Papierfliegern ist er weniger als 25 mm lang. Befindet sich der Schwerpunkt vor diesem Abschnitt, stürzt das Flugzeug ab. Befindet er sich dahinter, kommt es zum Strömungsabriß, und das Flugzeug gerät außer Kontrolle und stürzt ebenfalls ab. Ob ein Flugzeug »neigungsstabil« ist, findet man am besten heraus, indem man es einfach wirft und schaut, ob es abstürzt, sich auf und ab bewegt oder sanft gleitet.

Ihr Flieger gewinnt an Stabilität, wenn Sie eine Büroklammer am Bug befestigen. Je weiter Sie jedoch die Büroklammer vom Bug weg anbringen, desto mehr verliert der Flieger an Stabilität. Nun mag man vielleicht denken, daß man viel Gewicht am Bug anbringen sollte, um ganz sicher zu gehen. Leider funktioniert das nicht, denn wenn zuviel Gewicht auf dem Bug lastet, ist der Flieger allzu stabil und stürzt ab. (Wurfpfeile sind beispielsweise extrem stabil).

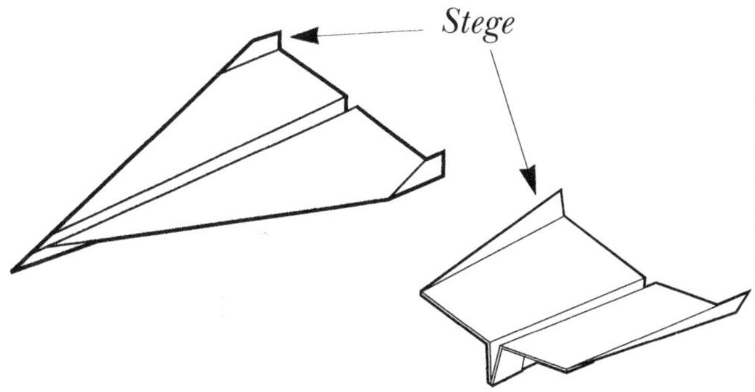

Selbst wenn Ihr Flieger neigungsstabil ist, muß er noch lange nicht geradeaus fliegen. Dazu ist **KURSSTABILITÄT** nötig, ohne die Ihr Flieger ins Trudeln gerät oder rückwärts fliegt. Stege an den Flügel-Enden wirken der Tendenz zum Trudeln entgegen (so wie eine Feder am Ende eines Pfeils dafür sorgt, daß dieser geradeaus fliegt). Bei den meisten Papierfliegern dient der Rumpf zugleich als Seitenruder. Befindet sich der größte Teil des Rumpfs hinter dem Schwerpunkt, ist er mit großer Wahrscheinlichkeit kursstabil. Das Umbiegen der Flügelspitzen (Stege mit rechteckigem Grat) nach oben oder unten erhöht die Kursstabilität zusätzlich.

Die dritte grundlegende Stabilität nennt man **ABSTURZSTABILITÄT.** Ist ein Flieger absturzstabil, fliegt er entweder geradeaus oder in einer leichten, gleichmäßigen Kurve. Ein absturzinstabiler Flieger beginnt immer enger zu kreisen, bis er schließlich senkrecht abstürzt. Dies ist ein häufiges Problem, das sich jedoch leicht korrigieren läßt. Wenn Sie den Flieger von vorne betrachten, biegen Sie die Flügel leicht nach oben, bis diese mit dem Flugzeugrumpf ein »Y« bilden. Achten Sie darauf, daß die Flügel symmetrisch sind.

Die »Y«-Form

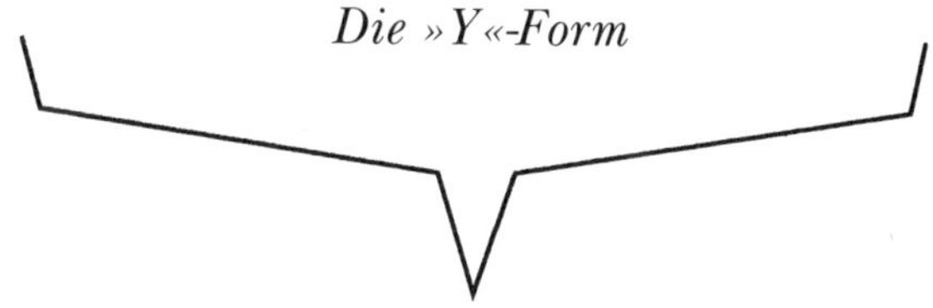

Herstellung eines Papierfliegers

Keine Angst vorm Falten

Da Sie nun mit den Grundprinzipien des Fliegens vertraut sind, ist es an der Zeit, daß Sie selber einen Flieger basteln. Sollten Sie noch am Anfang Ihrer Karriere als Papierflugzeugpilot stehen, beginnen Sie mit den spitzen oder viereckigen Modellen. Beide fliegen gut und sind so einfach zu falten, daß Sie mehr Zeit aufs Fliegen als aufs Falten verwenden können. Die Falze müssen sich nicht immer genau mit den auf dem Papier aufgedruckten Linien decken, dennoch sollten Sie so genau wie möglich arbeiten. Falten Sie das Papier zunächst entlang der Linien, legen Sie es dann auf eine harte, ebene Fläche, und fahren Sie mit dem Fingernagel oder der Rückseite eines Bleistifts über den Falz.

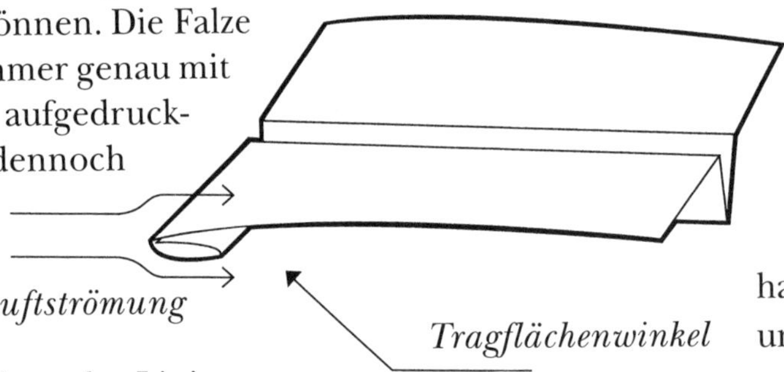

Beim Falten des Fliegers entsteht ein **TRAGFLÄCHENWINKEL.** Diesen Winkel sehen Sie, wenn Sie den Flieger von der Seite betrachten. Papierflieger mit flachen Tragflächenwinkeln fliegen am besten, obwohl auch eine leichte Abwärtskrümmung am Vorderteil des Flügels nicht schaden kann. Bedenken Sie jedoch, daß Papierflugzeuge nicht ganz so viel Krümmung benötigen wie richtige Flugzeuge, übertreiben Sie's also nicht.

Die Oberfläche der Flügel sollte möglichst eben sein. »Falttaschen« oder größere Knicke, die bei der Herstellung des Fliegers entstehen, sollten sich möglichst an der Unterseite der Flügel befinden. Bei fast allen der in diesem Buch beschriebenen Fliegern befinden sich die Falttaschen an der Flügelunterseite.

Nachdem Sie den Flieger samt Tragflächenwinkeln soweit gefaltet haben, halten Sie ihn hoch und betrachten ihn von vorne. Richten Sie die Tragflächen so aus, daß sich beide Flügelspitzen etwas oberhalb des Rumpfes befinden (Tragflächen und Rumpf sollten ein »Y« bilden). Prüfen Sie auch, ob die Flügel eventuell verbogen sind, und richten Sie sie so aus, daß sie beide im selben Winkel stehen. Das ist entscheidend dafür, daß der Flieger auch so fliegt, wie er soll.

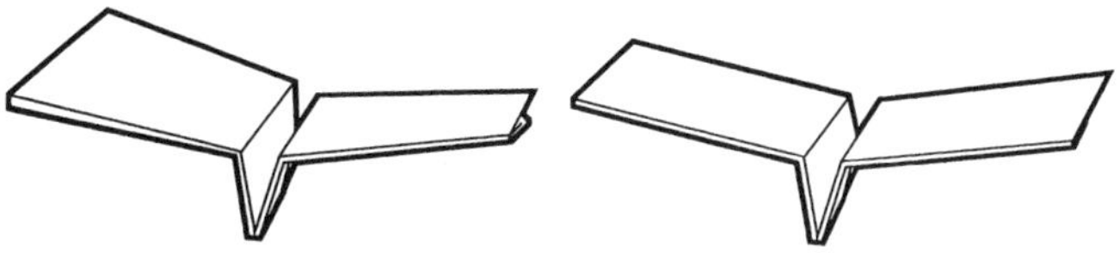

falsch *richtig*

Die Bedeutung der Feineinstellung

Haben Sie Ihren Flieger nun einschließlich der Tragflächenwinkel gefaltet und alle Unebenheiten ausgeglichen, so liegen die Chancen, daß er auch gut fliegt, bei nicht mal 50 Prozent. Warum? Um richtig fliegen zu können, brauchen die Flieger alle noch ein bißchen Feineinstellung.

Einstellung der Neigung (Höhenruder)

Um Sturzflüge oder Strömungsabrisse zu verhindern, ist die Einstellung der Neigung unbedingt erforderlich. Dies geschieht durch Ausrichten des **HÖHENRUDERS.** Dieser horizontale Teil des Fliegers befindet sich in der Regel am hinteren Rand des Tragwerks. Je nachdem, ob man das Höhenruder nach oben oder unten biegt, zeigt der Bug während des Fluges nach oben oder unten.

Werfen Sie Ihren Flieger – wie im Kapitel »Die besten Wurftechniken für den langsamen Flug« auf Seite 15 beschrieben – einige Male vorsichtig schräg nach unten gerichtet in die Luft. Macht er einen Abwärtsbogen, kann er zwar für den schnellen Flug gut geeignet sein, für den langsamen Flug aber müssen Sie die Höhenruder an beiden Tragflächen etwas nach oben biegen, aber nur leicht (auf keinen Fall fest umknicken). Bei den meisten Fliegern muß man die Höhenruder für den langsamen Flug leicht nach oben biegen.

Steigt Ihr Flieger erst, wird dann langsamer und stürzt schließlich ab, so kann es dafür zwei Gründe geben: Entweder Sie haben ihn zu schnell hochgeworfen, dann achten Sie darauf, den Flieger behutsam und schräg nach unten gerichtet zu werfen, oder das Höhenruder ist zu steil nach oben ausgerichtet. Korrigieren Sie diesen Fehler, indem Sie es leicht nach unten biegen.

Korrigieren Sie die Ausrichtung der Höhenruder so lange, bis Ihr Flieger schön gleitet. Gelingt dies trotz mehrerer Versuche nicht, ist er eventuell hecklastig. Beschweren Sie ihn am Bug mit einer Büroklammer oder ein paar Klebestreifen, und stellen Sie die Höhenruder neu ein.

Ist Ihr Flieger so ausgerichtet, daß er langsam gleitet, und Sie wollen, daß er schnell fliegt, dann biegen Sie das Höhenruder nach unten (wenn Sie den Flieger schnell werfen, kommt es sonst zum Strömungsabriß, und er stürzt ab). Flieger, die für einen schnellen Flug präpariert sind, können durch Hochstellen des Höhenruders wieder auf einen langsamen Flug eingestellt werden.

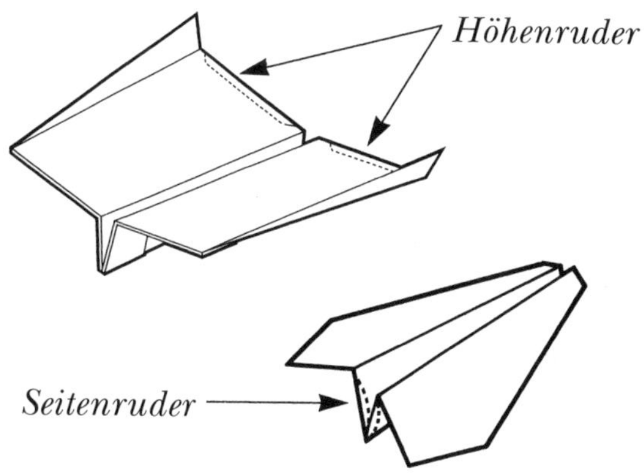

Einstellung der Seitenruder

Die meisten Papierflieger haben beim ersten Versuch die Tendenz, leicht nach links oder rechts zu ziehen. Dies läßt sich durch die Einstellung des **SEITENRUDERS** ändern. Überprüfen Sie dafür zunächst, ob die Spitzen der Tragflächen sich oberhalb des Flugzeugrump-

Entwerfen Sie Ihren eigenen Papierflieger

Für die Konstruktion Ihrer eigenen Papierflieger beginnen Sie am besten mit der Abänderung meiner Modelle. Sie können beispielsweise Stege am hinteren Ende der Flügel anbringen; biegen Sie dazu die Außenkante der Flügel etwa 1 cm nach oben oder unten um. Oder machen Sie den Rumpf größer oder kleiner, länger oder kürzer. Mit zunehmender Erfahrung sind Sie dann auch in der Lage, Ihre eigenen Modelle zu konstruieren; benutzen Sie dazu immer die in diesem Buch beschriebenen Falttechniken. Denken Sie daran, daß Papierflieger nur in den seltensten Fällen buglastig sind. Gerade die Nase muß stabil sein, um Zusammenstöße mit Böden, Wänden und Möbeln zu überstehen. Deshalb sollten Sie beim Falten der meisten Modelle darauf achten, daß Sie genügend Papier für den vorderen Teil der Flügel oder des Rumpfes verwenden.

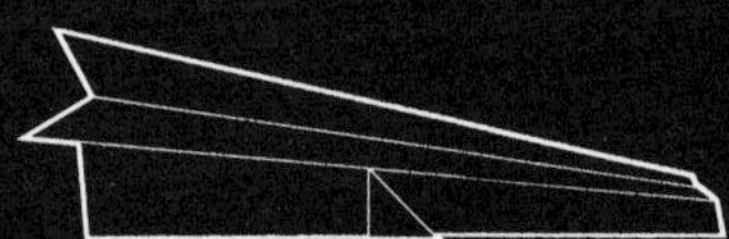

Verkleinerter Rumpf

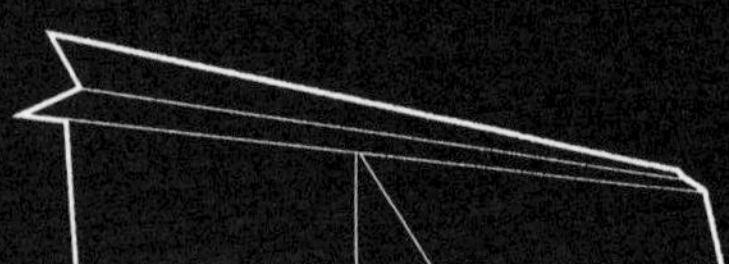

Größerer Rumpf

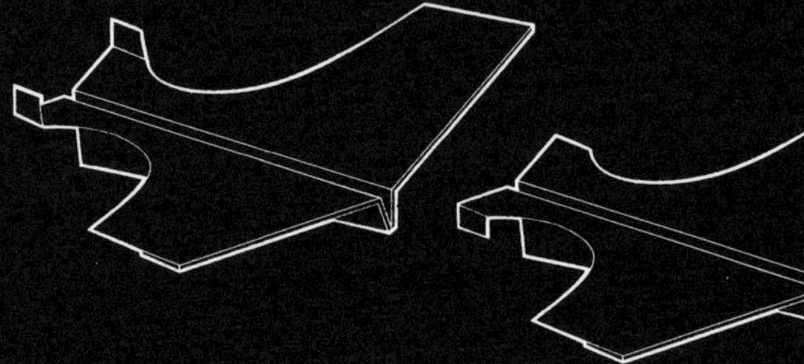

In diesem Buch finden Sie vor allem in den Abschnitten »Warum Papierflugzeuge abstürzen« (Seite 10) und »Die Bedeutung der Feineinstellung« (Seite 13) wichtige Hintergrundinformationen, die Ihnen bei der Abänderung eines alten oder der Konstruktion eines neuen Modells sicherlich helfen werden, so daß dieses richtig fliegt. Verwenden Sie für die Herstellung Ihres Fliegers Schreibmaschinenpapier (80 g/m^2 eignet sich gut) oder normales Kopierpapier. Dünneres Papier ist oft zu leicht, und sehr dickes Papier läßt sich schwer falten. Mit großen Blättern kann man große Modelle falten, die allerdings sehr instabil sind. Mit kleinen Blättern faltet man kleine Flieger, die jedoch schwer zu stabilisieren sind und deshalb oft nicht gleichmäßig fliegen. Am besten eignet sich ein normales DIN-A4-Blatt.

fes befinden und mit diesem ein »Y« formen. Werfen Sie den Flieger nun vorsichtig schräg nach unten, ohne ihn dabei in eine Schräglage (Seitenneigung) zu bringen. Fliegt Ihr Flieger nun nach rechts, biegen Sie das Seitenruder nach links um. Fliegt er nach links, biegen Sie es nach rechts. Fahren Sie mit diesem Test und der Einstellung des Seitenruders so lange fort, bis der Flieger geradeaus fliegt. Sollte die Einstellung schwierig sein, ist höchstwahrscheinlich ein Flügel verbogen. Überprüfen Sie die Flügel noch einmal, und richten Sie sie so aus, daß beide symmetrisch sind. Soll Ihr Flieger nach rechts abdriften, biegen Sie das Seitenruder leicht nach rechts und bringen Sie ihn beim Wurf in eine rechtsseitige Schräglage. Für die Linkskurve gilt dasselbe Prinzip in umgekehrter Weise.

Die besten Wurftechniken

Nachdem Sie Ihren Flieger gefaltet und die Feineinstellung vorgenommen haben, wollen Sie ihn wahrscheinlich sofort testen. Ein guter Flug setzt jedoch einen guten Wurf voraus. Die Art des Wurfes ist zwar auch vom Modell, im wesentlichen jedoch von der Art des Fluges abhängig. Es gibt den langsamen Flug, den schnellen Flug und den Höhenflug (wie beim Weltrekord). Für alle Wurfarten sollten Sie Ihren Flieger bequem, aber sicher zwischen Daumen und Zeigefinger nehmen. Halten Sie ihn an der Unterseite und möglichst weit vorne fest. Die Modelle Chopper und Vortex erfordern andere Wurftechniken, die in derAnleitung für diese Flieger beschrieben werden (siehe S.38 und S.44).

Fliegt ein Flieger langsam und gleichmäßig leicht nach unten, bezeichnet man dies als **LANGSAMEN FLUG**. Ich verwende diese Flugart für den Flug von Gebäuden oder Hügeln sowie für Hallenflüge, aber auch für die Feineinstellung meiner Modelle. Die Wurftechnik für langsame Flüge beginnt damit, daß man den Flieger vor der Schulter hält.

BLINDGÄNGER

Ab und zu werden Sie Nieten falten. Wie auch immer Sie diese Flieger ausrichten oder einstellen, sie wollen einfach nicht richtig fliegen. Das einzige Vergnügen, das einem diese Blindgänger noch bieten können, ist, sie zusammenzuknüllen und in den Papierkorb zu werfen! Fast alle Modelle in diesem Buch sind relativ schnell und einfach zu falten; sollte ein Flieger also mal nicht fliegen wollen, fangen Sie besser gleich noch einmal von vorne an. Geben Sie nicht auf! Die Flieger sind durchweg einfach herzustellen, und sie fliegen – wenn sie richtig ausbalanciert sind – sehr gut.

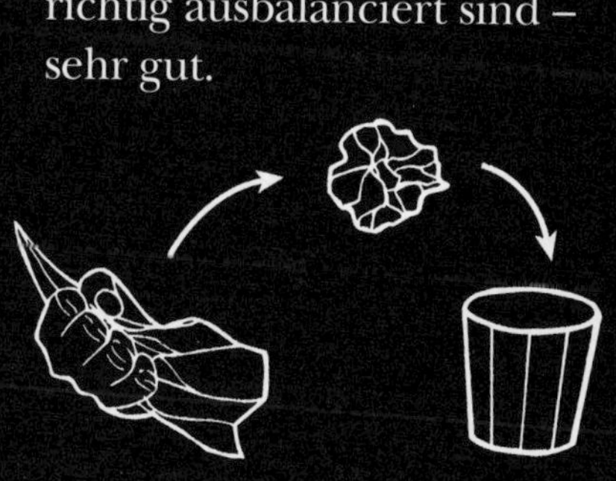

Werfen Sie ihn nun leicht abwärts gerichtet nach vorne (die meisten Leute neigen dazu, nach oben zu werfen). Ihr Wurf sollte behutsam, aber bestimmt sein. Die richtige Wurfgeschwindigkeit ist so, wie wenn ein Erwachsener eine Münze aus Schulterhöhe ca. 3 m weit auf den Boden wirft (bei Kindern ca. 1,8 m).

Als **SCHNELLER FLUG** gilt, wenn ein Flieger wie ein Pfeil so schnell und gerade fliegt. Ich verwende diese Flugtechnik für Wettbewerbe, bei denen es um Flugweite oder Zielsicherheit geht, aber auch, wenn ich zu Hause oder im Büro herumalbere. Für diese Flugart eignet sich am besten der Basic Dart oder ein ähnliches Modell. Für kurze Flüge (bis 4,6 m) halten Sie den Flieger beim Wurf in Höhe der Schulter, für längere Flüge etwas darüber. Für kürzere Flüge sollte Ihr Wurf sanfter sein, für längere Flüge kräftiger und leicht nach oben gerichtet.

Die Technik des **HÖHENFLUGES**, die ich eingesetzt habe, um den Weltrekord zu brechen, erfordert einen kräftigen Wurf. Offenbar ist das World Record Plane für den kräftigen Wurf besonders geeignet, andere viereckige Modelle eignen sich aber genauso gut.

Bei diesem Wurf steigt der Flieger ziemlich hoch, sollten Sie den Wurf also nicht unter freiem Himmel durchführen, benötigen Sie einen Raum mit hoher Decke. Testen Sie den Flieger zunächst mit einem vorsichtigen Wurf, der in einer sanften Kurve enden sollte. Dann werfen Sie ihn mit aller Kraft senkrecht nach oben. Wenn der Flieger richtig fliegt, wird er sich zunächst nach oben schrauben, sich am Höhepunkt waagerecht ausrichten und langsam in einer großen, sanften Kurve ausgleiten.

Seien Sie nicht enttäuscht, wenn Sie nicht gleich einen Rekord mit Ihrem ersten Wurf aufstellen. Nur jeder fünfte Papierflieger, den ich mache, steigt wirklich gut. Sie werden wahrscheinlich eine ganze Reihe von Fliegern falten müssen, bis Sie mit einem wirklich zufrieden sind. Denken Sie daran, daß Sie erst mit einem vorsichtigen Wurf testen, ob Ihr Flieger gut gleitet, bevor Sie zum Rekordflug übergehen, und daß Sie kleine Änderungen an Höhen- und Seitenruder vornehmen, damit Ihr Flieger besser steigt und gleitet.

Optimale Flugplätze

Einer der Vorteile von Papierfliegern ist, daß sie schnell gemacht sind und man sie überall fliegen lassen kann. In geschlossenen Räumen können Sie sie als Brieftauben einsetzen, um Freunden oder Kollegen Nachrichten zu übermitteln. Sie können langweilige oder lästige Mitteilungen völlig neu gestalten oder sich einfach ein wenig die Zeit damit vertreiben. Im Freien kann sich so ein Flieger im Aufwind wie ein Vogel in die Lüfte schwingen und bei Rückenwind etliche Meter weit fliegen.

Im folgenden wollen wir sehen, welche Flüge sich für welche Umgebung am besten eignen.

Fliegen zu Hause oder im Büro

Lassen Sie sich durch die Größe Ihrer Wohnung oder Ihres Büros nicht entmutigen. Jeder Raum, der wenigstens 3 m lang ist, eignet sich als potentieller Flugplatz. Für einen Weltrekord braucht man zwar eine Raumhöhe von mindestens 15-18 m, aber man kann auch bei einer Raumhöhe von 2,50 m viel Spaß haben. Statt es darauf anzulegen, den Flieger möglichst lange in der Luft zu halten oder ihn eine Rekordstrecke zu lassen, geht es nun darum, auf beschränktem Raum möglichst akkurate Würfe und Kunstflüge auszuführen. Wände, Tische oder Zimmerdecken wären dabei nicht als Hindernisse oder Schranken zu sehen, sondern als Herausforderung.

Mit folgenden Übungen mache ich mir seit Jahren zunehmend einen Spaß daraus, meine Flieger in geschlossenen Räumen fliegen zu lassen:

- Flieger mit einem Freund hin- und her fliegen lassen
- Ziellandungen
- Kunstflüge (siehe S.22, »Die Kunst der Aerobatik«)

Das Flugzeugspiel

Hierbei handelt es sich um ein modifiziertes Fangenspiel. Es geht darum, daß der Pilot den Flieger nahe genug am Fänger vorbeifliegen lassen muß, so daß dieser ihn erwischen kann. Der Fänger wiederum muß den Flieger fangen, ohne ihn zu verbiegen oder kaputt zu machen. Sind Sie erst einmal in der Lage, Ihren Flieger akkurat zu werfen, versuchen Sie's mit einigen Variationen. Werfen Sie beispielsweise links an Ihrem Partner vorbei, wobei die Flügel nach rechts geneigt sind. Das führt dazu, daß der Flieger eine Rechtskurve fliegt. Falls Sie Linkshänder sind, werfen Sie den Flieger mit nach links geneigten Flügeln rechts an Ihrem Partner vorbei. Wenn Sie erst mal den richtigen Dreh heraushaben, schaffen Sie es womöglich sogar, daß der Papierflieger im Bogen um Ihren Partner herum fliegt.

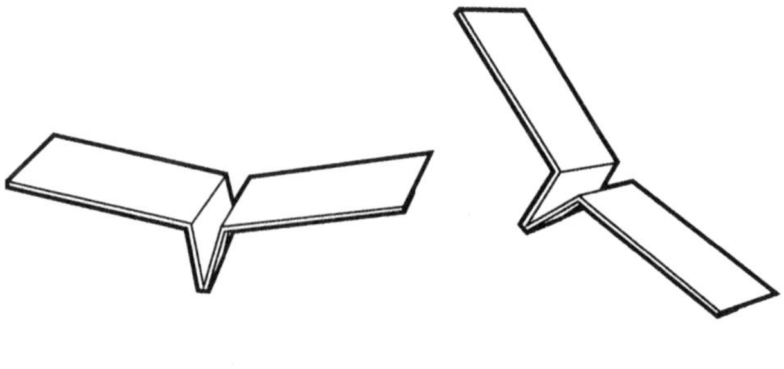

ausgeglichen *Schräglage*

Je stärker Sie die Flügel neigen, desto schräger wird Ihr Flieger liegen. Für die Beschreibung eines Bogens sollte er mehr Schräglage haben als für gerade Strecken. Haben Sie das Problem der Schräglage einmal gemeistert, können Sie Ihren Flieger um Schränke oder sogar um Wände herum fliegen lassen.

Eine andere Wurfvariation wäre, den Flieger hoch oder tief zu werfen. Werfen Sie ihn schneller und schräg nach unten. Wenn er richtig austariert ist, wird er erst Richtung Boden fliegen und dann wieder hochsteigen, so daß Ihr Partner ihn auffangen kann. Sie können auch versuchen, Ihren Flieger behutsam nach oben zu werfen. Er sollte zunächst steigen, dann langsamer werden, kippen und nach unten auf Ihren Partner zugleiten. Haben Sie den richtigen Dreh bei dieser Art von Würfen raus, versuchen Sie es einmal mit schräg gestellten Flügeln, damit lassen sich Steig- bzw. Sturzflüge auch bei der Beschreibung eines Bogens durchführen. (Tip: Für steile Schräglagen sollten Sie das Höhenruder etwas verändern, indem Sie den hinteren Teil der Tragfläche etwas mehr nach oben biegen.)

Die perfekte Landung

Auch bei dieser Übung kommt es auf Genauigkeit an. Legen Sie eine Start- und Landebahn quer durch den Raum fest, und versuchen Sie, Ihr Flugzeug darauf landen zu lassen. Sehen Sie zu, daß Sie es möglichst am Ende der Landebahn zu Boden bringen. Sobald Ihnen das leichter fällt, gehen Sie zum Start einfach ein paar Schritte zurück. Stellen Sie sich vor, Sie hätten Passagiere an Bord, und landen Sie, so sanft Sie können. Oder, anders herum, versuchen Sie, ein bestimmtes Ziel zu treffen. Machen Sie zehn Würfe, und notieren Sie sich Ihre Treffer.

Auch ein Möbelstück kann als Landeplatz dienen. Mit ein bißchen Phantasie beispielsweise könnte man sich einen Tisch als Flugzeugträger vorstellen. (Ich glaube, ich werde nie ganz erwachsen!) Dieses Spiel macht um so mehr Spaß, je perfekter die Landung ist. Sehr enttäuschend allerdings ist es, wenn Ihr Flugzeug den Tisch nur streift und hinunterfällt oder wenn es den Tisch völlig verfehlt und auf dem Boden aufprallt. Versuchen Sie die Punktlandung mit verschiedenen Flugzeugtypen. Meiner Meinung nach eignen sich pfeilförmige Modelle am besten dafür.

Für Punktlandungen suche ich mir an den entgegengesetzten Enden eines Raums je ein Ziel aus (z. B. die Startbahn und einen Tisch). Zuerst bastle ich zwei oder drei Flieger und steuere das eine Ziel an. Dann gehe ich dorthin, sammle die Flieger ein und nehme mir das andere Ziel vor. Meistens kommt unweigerlich jemand vorbei, dessen angeborener Rivalitätssinn ihn dazu treibt, sich auf einen Punktlandungs-Wettkampf mit mir einzulassen.

Fliegen im Freien

Sehr gern lasse ich Papierflieger im Freien fliegen, wo keine Wände und Zimmerdecken ihren Flug behindern. (Sie werden sich wundern, wie viele Papierflieger fressende Bäume es auf dieser Welt gibt, und sollten vorsichtshalber Ersatzflieger und/oder zusätzliches Papier mitnehmen.) An windstillen Tagen können Sie die Flieger mit einem Freund fliegen lassen, auf einem bestimmten Ziel landen oder Kunstflüge üben – genau wie drinnen. Das Fliegen im Freien bietet aber im Gegensatz zum Fliegen in geschlossenen Räumen noch eine weitere Möglichkeit – das Segelfliegen. Wie oft schon habe ich meinem Papierflieger zugeschaut, wie er sich immer höher in den Himmel schraubte; manchmal segelt er in großer Höhe und ist plötzlich nicht mehr zu sehen.

Ein Segelflugzeug bleibt in der Luft oder gewinnt an Höhe aufgrund der **LUFTSTRÖMUNG**. Echte Segelflugzeuge fliegen unter Ausnutzung der Luftströmung über 1600 m weit. Ich selbst habe die Luftströmung auch schon beim Segelfliegen genutzt, um auf ca. 800 m Höhe zu steigen und über drei Stunden in der Luft zu bleiben. Papierflieger können den Wind genauso ausnutzen wie richtige Segelflugzeuge. Der Trick besteht darin, herauszufinden, wo sich Aufwinde befinden, und den Papierflieger direkt in sie hinein zu lenken.

Warum Aufwinde? Ein gut austarierter Papierflieger sinkt mit einer Geschwindigkeit von ca. 0,9 – 1,2 m/sec. Steigt nun die Luft in gleichem Maße nach oben, wie der Papierflieger sinkt, dann hält er die Höhe. Steigt die Luft schneller auf als mit 0,9 – 1,2 m/sec, dann gewinnt der Flieger an Höhe. Es kommt durchaus vor, daß an manchen Stellen die Aufwind-Geschwindigkeit 3 – 6 m/sec beträgt. In diesem Fall steigt das Flieger steil nach oben. Für den Aufwind gibt es zwei Gründe: Hochdruckauftrieb und Konvektion (auch als thermische Aufwinde bekannt).

Hochdruck

Wenn Wind auf einen Telefonmasten trifft, strömt er links und rechts daran vorbei. Trifft der Wind jedoch auf einen höheren Berg oder ein Gebäude, dann geht der Großteil der Luft oben über das Hindernis hinweg. Diese aufsteigende Luft vor Gebäuden oder Hügeln, die als **Hochdruckauftrieb** bezeichnet wird, kann man nutzen, um einen Papierflieger steigen zu lassen. Wichtig ist allerdings, daß der Wind genau von vorne auf den Hügel oder das Gebäude trifft. Tut er das nicht, wird er zur Seite statt nach oben gelenkt, und der Flieger steigt nicht auf.

Wie hoch kann nun ein Papierflieger mit Hilfe des Hochdruckauftriebs steigen? Als Faustregel gilt, daß ein Segelflugzeug bei mäßigem Wind die doppelte Höhe des Hügels erreicht, der den Auftrieb verursacht. Bei einem 3 m hohen Hügel würde das Flugzeug also 6 m hoch aufsteigen. Dementsprechend würde es bei einem 300 m hohen Berg 600 m hoch fliegen!

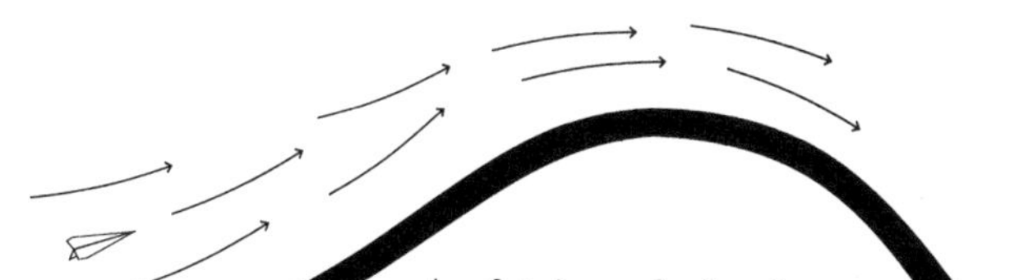

Aufsteigende Luft trifft auf einen Hügel

Im Vergleich dazu wird bei Gebäuden normalerweise viel Wind seitlich abgelenkt; erwarten Sie also nicht, daß die Flughöhe auch hier das Doppelte der Gebäudehöhe erreicht. Nichtsdestotrotz kann der vor einem Gebäude aufsteigende Wind Ihrem Flieger

Auftrieb verleihen. Ich starte meine Flieger gerne vor einem Gebäude, und zwar auf der dem Wind zugewandten Seite. Der Abstand zum Gebäude sollte dabei etwa die Hälfte seiner Höhe betragen. Das Flieger dreht dann

Aufsteigende Luftströme vor Gebäuden zu erwischen, ist nicht einfach

Kreise und fliegt auf das Gebäude zu, wobei er von der aufsteigenden Luft vor dem Gebäude oft in die Höhe getragen wird.

Sie können Ihren Papierflieger auch aus dem Fenster eines Gebäudes werfen, das Fenster sollte allerdings auf der Windseite liegen. Wenn alles klappt, nutzt der Flieger den Aufwind und steigt in die Höhe. Allerdings wird er dabei oft vom Wind gegen das Gebäude getrieben. Deshalb ziehe ich es vor, meine Flieger auf der dem Wind abgewandten Seite aus dem Fenster zu werfen. Der auf der Windseite vorhandene Hochdruckauftrieb kann hier zwar nicht genutzt werden, aber der Flieger legt trotzdem eine lange Strecke zurück. Mit Hilfe thermischer Aufwinde steigt er vielleicht sogar auf.

Hügel eignen sich wahrscheinlich als Flugplatz am besten. Wenn Sie oben auf dem Hügel stehen, richten Sie Ihren Flieger zuerst so aus, daß er geradeaus fliegt. Überlassen Sie ihn dann vorsichtig dem Wind, und sehen Sie zu, wie er vor Ihnen umherschwebt oder langsam aufsteigt. Für größere Hügel eignen sich am besten das Basic Square Plane oder das World Record Plane. Werfen Sie das Flugzeug nach oben (wenden Sie dabei die Technik des Weltrekord-Wurfs an), so daß es den Aufwind nutzen kann.

Sehr spannend kann es auch sein, Flugzeuge von einem Berg aus zu starten. Die Luftströme steigen hier Hunderte von Metern auf. Das größte Problem beim Start von einem Berg aus sind nahegelegene Hindernisse wie Bäume, Gebäude oder auch Menschen, denen es auszuweichen gilt. Verwenden Sie möglichst ein spitz zulaufendes Modell, stellen Sie es für den geraden Flug ein, und starten Sie es gegen den Wind. Ist der Wind gut und der Flieger richtig ausgerichtet, kann er steigen und schnell außer Sichtweite geraten. Sie können es aber auch mit einem Basic Square Plane versuchen, das Sie vom Berg weg weit nach oben werfen müssen. Genau wie bei Gebäuden macht es auch hier Spaß, den Papierflieger mit dem Fallwind zu starten. Es wird dann zwar nicht steigen, aber mit Sicherheit eine sehr lange Strecke fliegen.

Konvektion oder thermische Aufwinde

Diese zweite Art der Luftströmung besteht aus thermischen Aufwinden bzw. warmer Luft, die aufsteigt. Die Sonne heizt den Boden an einigen Stellen mehr auf als an anderen, und wie wir alle wissen, steigt heiße Luft auf. Manchmal tut sie das blasenförmig oder aber als gleichmäßige Säule und wird dabei vom Wind getrieben.

Thermische Aufwinde entstehen vor allem an trockenen, sonnigen Plätzen. Je dunkler der Boden, desto mehr heizt er sich auf, und desto mehr thermische Aufwinde

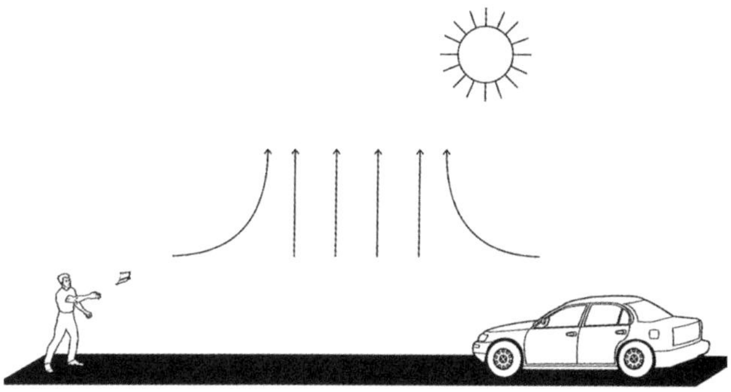

Über Asphalt entstehen thermische Aufwinde

entstehen. So gibt es beispielsweise über Parkplätzen nicht selten heftige thermische Aufwinde. (Über kühleren Orten wie Seen, Ozeanen oder Wäldern steigt die Luft nicht auf, sondern sinkt ab. Man könnte diesen Effekt auch als »anti-thermisch« bezeichnen.)

THERMISCHE AUFWINDE macht man sich am besten zunutze, indem man die Papierflieger gegen den Wind startet. Die aufsteigende heiße Luft wird über Sie hinweggehen. Verwenden Sie ein Basic Square Plane oder ein World Record Plane, und justieren Sie es so, daß es ca. 6 – 9 Meter weite Kreise zieht. Werfen Sie das Modell so hoch wie möglich, und geben Sie nicht gleich auf, wenn es nicht gleich bei den ersten Versuchen aufsteigen und außer Sichtweite fliegen sollte. Da thermische Aufwinde in Bodennähe nicht gleichmäßig auftreten, ist es manchmal nicht ganz einfach, sie zu erwischen.

Halten Sie Ihren Flieger startbereit, bis der Wind auffrischt oder die Richtung wechselt. Bei der Entwicklung thermischer Aufwinde wird die Luft in Bodennähe aus allen Richtungen angesogen. Spüren Sie also, daß der Wind plötzlich dreht, ist das wahrscheinlich ein Zeichen, daß sich in Windrichtung ein thermischer Aufwind aufbaut. Starten Sie dann Ihren Flieger in diese Richtung.

Fliegen in großen Innenräumen

Ich persönlich habe eine Vorliebe für große Innenräume. Das erscheint logisch, denn ich habe bei jedem Weltrekord viel Platz gebraucht. Ich habe festgestellt, daß man sich am ehesten an Schulturnhallen und Aulen herankommt – sie bieten außerdem genügend Platz, um darin Kunstflüge zu vollführen und Langzeitflüge auszuprobieren. Wenden Sie sich an die zuständige Person, erklären Sie, was Sie vorhaben, und ich bin sicher, Sie werden die Erlaubnis bekommen, den Raum zu nutzen, wenn er frei ist.

Für einen Weltrekord benötigen Sie jedoch eine Raumhöhe von mindestens 15 m. Leider sind solche Raumhöhen in Schulen eher die Ausnahme. Besser eignen sich Uni-Sporthallen oder Basketball-Hallen (wo ich meinen ersten Rekord aufgestellt habe), Stadthallen oder Tagungszentren (wo ich meinen zweiten Rekord aufgestellt habe).

Ich ändere meine Papierflieger immer wieder ab, und da sind große Hallen ideal, um die Modelle auszutesten. Im Freien führen Windböen zu unregelmäßigen Flugzeiten, in der Halle jedoch kann ich die Flugzeit exakt messen und feststellen, ob die Veränderungen wirklich etwas bringen. Große Hallen sind zudem ideal, um Papierflieger-Wettkämpfe abzuhalten (siehe S. 25).

Die Kunst der Aerobatik

Für Kunstflüge muß man das Ausrichten und die Wurftechnik perfekt beherrschen. Wenn Sie einmal so weit sind, können Sie hochzufrieden dabei zusehen, wie Ihr Flieger genau das tut, was Sie wollen – sei es, daß er einen Kreis oder einen Looping fliegt, einen Sturzflug vollführt oder über den Schwanz abrutscht (Männchen). Das Schönste daran aber ist wahrscheinlich der Eindruck, den Sie auf Ihre Kollegen machen können, wenn Sie so ganz nebenbei ein paar Kunstflüge im Büro vorführen.

Für Punktlandungen wie für das Hin- und Herwerfen eignet sich beinahe jedes Modell, für Kunstflüge verwendet man jedoch am besten die Modelle Stunt, Basic Square oder World Record. Bevor Sie mit dem Kunstflug beginnen, richten Sie Ihren Flieger so aus, daß er geradeaus fliegt.

Auch ein zusätzliches kleines Höhenruder kann nicht schaden. Wie Sie sich bestimmt erinnern, müssen Sie dafür das hintere Ende der Flügel leicht nach oben biegen. Durch dieses zusätzliche Höhenruder wird sich der Bug bei sanftem Flug eventuell auf und ab bewegen, andererseits wird der Flieger dadurch wendiger.

Kreise

Um einen Kreis handelt es sich, wenn der Flieger eine kreisförmige Flugbahn beschreibt und man ihn einfangen kann, ohne sich dabei von der Stelle zu bewegen. Rechtshänder fliegen den **KREIS** am einfachsten, indem sie den Flieger zum Start leicht nach rechts neigen und dann etwas schneller werfen als sonst. Um zu verhindern, daß der Flieger diese Schräglage wieder ausgleicht und geradeaus fliegt, müssen Sie auf der rechten Seite eventuell ein kleines Seitenruder anbringen. Linkshänder sollten das Seitenruder links anbringen und den Flieger zum Start nach links geneigt halten. Wenn Sie den Flieger zum Start zu stark neigen oder zu vorsichtig werfen, werden Sie merken, daß er zuerst kreist und danach zu Boden fliegt. Neigen Sie den Flieger zum Start zu wenig oder werfen Sie ihn zu heftig, wird er zwar kreisen, aber auch hochsteigen und womöglich abstürzen. Ist

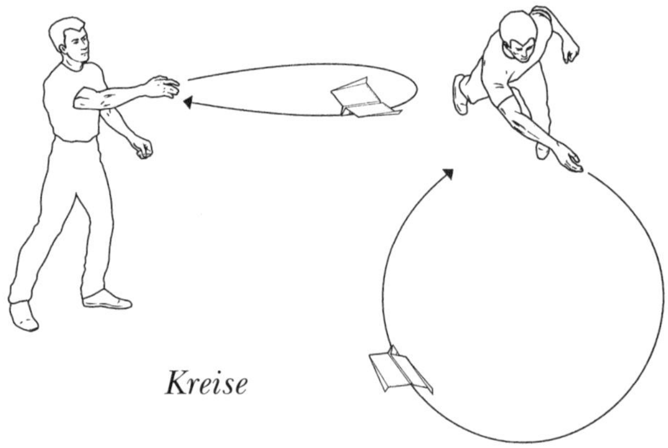

Kreise

der Flieger richtig justiert und Ihre Wurftechnik ausgereift, können Sie einen Kreis nach dem anderen fliegen, ohne sich dabei von der Stelle zu bewegen. Mein Rekord liegt bei 20 Runden. Ich habe auch schon versucht, mehrere Kreise zu fliegen, bevor ich den Flieger wieder einfange, es aber nicht geschafft – noch nicht.

Loopings

Beschreibt der Flieger einen vertikalen Kreis, so spricht man vom **LOOPING**. Diese Übung führt man am besten im Freien durch oder in einem großen Raum wie etwa einer Turnhalle. Aber auch in normal großen Zimmern kann man einen Looping fliegen, die niedrige Raumhöhe macht das Ganze halt nur etwas schwieriger.

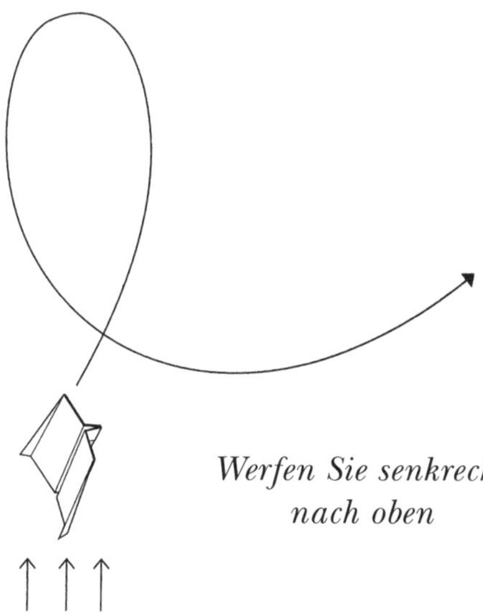

Werfen Sie senkrecht nach oben

Überprüfen Sie zuerst, ob die Tragflächen gleichmäßig ausgerichtet sind und das Höhenruder richtig eingestellt ist – das hintere Ende der Tragflächen sollte weder ganz flach, noch zu sehr nach oben gebogen sein. Um einen Looping zu fliegen, hält man den Papierflieger am besten so, daß die Flügel eine waagerechte Fläche bilden (d.h.

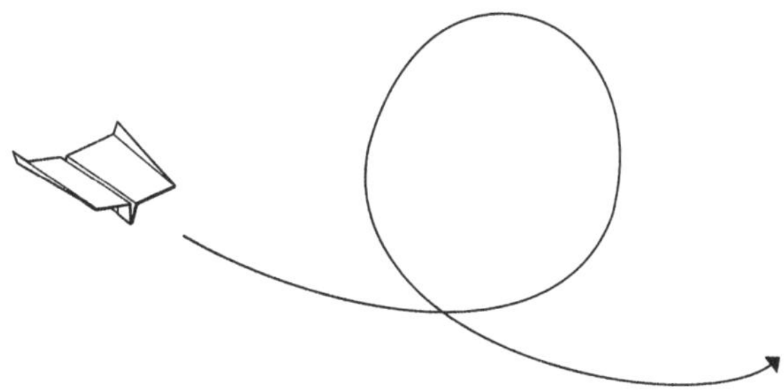

Werfen Sie schräg nach unten

nicht zu irgendeiner Seite geneigt sind) und der Bug nach oben zeigt. Nachdem man das Flugzeug vorsichtig geworfen hat, sollte es fast bis zur Decke aufsteigen, sich dann überschlagen und schließlich wieder horizontal fliegen, bevor es auf dem Boden landet. Haben Sie Geduld; Sie werden einige Versuche benötigen, um den richtigen Steigungswinkel und die richtige Wurfgeschwindigkeit herauszufinden.

Die andere Möglichkeit, einen Looping zu fliegen, ist zwar schwieriger, macht aber auch mehr Spaß. Versuchen Sie, den Flieger mit kräftigem Wurf schräg nach unten zu werfen. Kurz bevor er den Boden berührt, sollte er wieder hochziehen, aufsteigen, sich kurz vor der Decke überschlagen und dann erst zu Boden gehen. Sie werden auch hier einige Anläufe brauchen, bis Sie den richtigen Sturzwinkel und die angemessene Wurfgeschwindigkeit heraushaben.

VARIATION EINER FIGUR

Neigen Sie den Flieger ganz leicht zur Seite, und führen Sie dann den gleichen Wurf aus wie für einen senkrechten Looping. Ihr Flieger wird nun keine senkrechte, sondern eine schräge Schleife fliegen.

Hinweis: Ich habe festgestellt, daß manche Flieger einfach Nieten sind; was auch immer man tut, sie wollen einfach keine richtigen Schleifen fliegen. Sollte das der Fall sein, basteln Sie wahrscheinlich am besten einen neuen Flieger oder versuchen es mit einem anderen Modell.

Sturzflüge und Männchen

Fliegt ein Flugzeug senkrecht auf den Boden zu, bezeichnet man dies als Sturzflug. Beim Männchen handelt es sich um eine Art Rückwärts-Sturzflug – die Nase des Flugzeugs zeigt dabei senkrecht nach oben, aber das Flugzeug fliegt rückwärts zu Boden. Papierflieger leisten da Erstaunliches. Sie können nicht nur einen Sturzflug oder ein Abrutschen über den Schwanz selbst korrigieren, bevor sie auf dem Boden auftreffen, sie schaffen dies sogar auf einer Höhe von nur 1,80 m – 2,10 m, und zwar innerhalb einer Sekunde.

Um einen **STURZFLUG** durchzuführen, muß Ihr Flieger zunächst ein zusätzliches Höhenruder bekommen. Dann halten Sie ihn so hoch wie möglich und etwas nach vorn. Falls Sie nicht sehr groß sind, stellen Sie sich dazu auf einen Hocker oder Stuhl. Richten Sie den Bug gerade nach unten und lassen Sie den Flieger los. Er sollte den Sturzflug innerhalb kurzer Zeit abfangen.

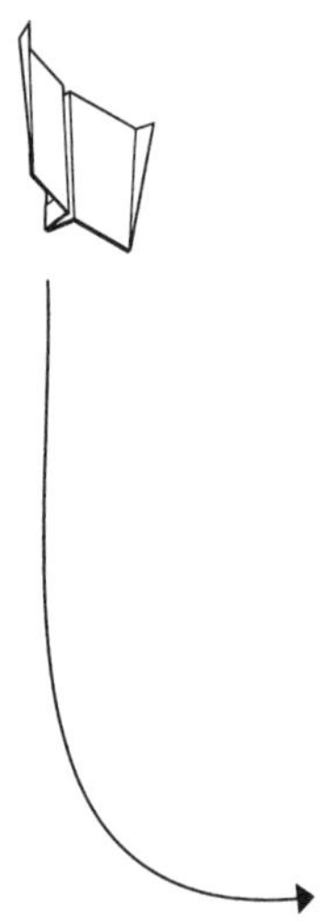

Sturzflug

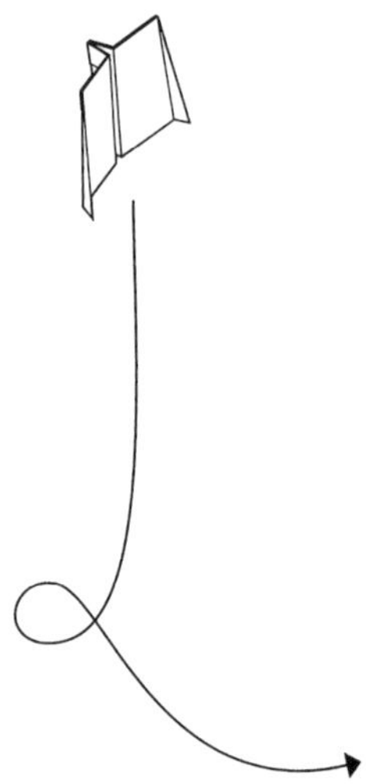

Männchen

Um zu sehen, wie sich Ihr Flieger nach einem **MÄNNCHEN** wieder fängt, halten Sie ihn wieder so hoch wie möglich und etwas nach vorn. Halten Sie den Bug diesmal nach oben, bevor Sie loslassen. Der Flieger wird zuerst über den Schwanz abrutschen und dann in einen Sturzflug übergehen, bevor er sich schließlich wieder abfängt. Ein Papierflieger sollte nämlich jede Art von Sturzflug abfangen und wieder geradeaus fliegen können, gleichgültig, in welchem Winkel Sie den Bug nach oben halten oder ob die Tragflächen nach links oder rechts geneigt sind. Der Flieger »weiß«, wie er fliegen muß, weil er eigenstabil ist. Diese Stabilität unterscheidet den Papierflieger auch von einem herabfallenden Blatt Papier.

Flugwettkämpfe

Seit der zweite Papierflieger gefaltet wurde, gibt es Papierflieger-Wettkämpfe. Das Schöne daran ist, daß sie schnell organisiert sind, jeder daran teilnehmen kann und sie auf vielerlei Arten abgehalten werden können. Auf den folgenden Seiten werden einige Anregungen zur Organisation eines solchen Wettkampfes beschrieben. Außerdem gibt es einige Tips, wie man sich die Trophäen sichert.

Die Organisation eines Wettkampfes

Ich habe schon an vielen Wettkämpfen teilgenommen und bin immer wieder erstaunt, wie unglaublich vielfältig sie sein können. Die einen finden in der Halle statt, die anderen im Freien. Bei manchen müssen die Teilnehmer ihre Flieger vom Boden aus starten, bei anderen gibt es eine Tribüne. Bei manchen Wettkämpfen wird die Konstruktion des Fliegers vorgeschrieben, bei anderen ist alles möglich. Oft wird der Rahmen eines Wettkampfes auch durch den Ort bestimmt, der zur Verfügung steht, durch die Anzahl der Freiwilligen, die bei der Organisation helfen und die Jury bilden, durch die Anzahl der Teilnehmer und natürlich auch durch die persönlichen Vorlieben des Organisators.

Veranstaltungsort

Wahrscheinlich werden Sie als erstes entscheiden, wo der Wettkampf stattfinden soll. Die einfachste Lösung ist, ihn **im Freien** abzuhalten, im eigenen Garten oder besser noch in einem öffentlichen Park oder auf dem Sportplatz einer Schule. Der Vorteil bei Wettkämpfen im Freien ist die schnelle Verfügbarkeit, außerdem gibt es keine Einschränkungen, und man hat genügend Platz für Langstreckenflüge. Die größten Nachteile sind die Unberechenbarkeit des Wetters und eventuelle Desorganisation. Ich habe zum Beispiel einmal bei starkem Wind an einem Wettkampf teilgenommen. Manche Flieger legten mehr als 30 m zurück. Da sie jedoch alle in verschiedene Richtungen geflogen waren, war es schwierig, die Strecken abzumessen, und der ganze Wettkampf wirkte etwas chaotisch.

Wettkämpfe im Freien sind wohl am ehesten für kleine Gruppen geeignet. Je kleiner die Gruppe, desto leichter ist es, den Wettkampf zu vertagen, falls er wegen schlechten Wetters abgesagt werden muß. Oder anders gesagt, sollte das Wetter gut sein, ist es leichter, spontan einen Wettkampf mit einer kleineren Gruppe zu organisieren.

HALLENWETTKÄMPFE werden in der Regel bevorzugt, da sie kontrollierbare Bedingungen bieten und bei jedem Wetter abgehalten werden können. Ein großer Raum (ca. 6 m hoch, 12 m breit und 24 m lang) wie beispielsweise die Basketballhalle einer Schule reicht dazu vollkommen aus. Planen Sie jedoch eine größere Veranstaltung mit zahlreichen Wettkämpfen und Teilnehmern, sollten Sie sich einen größeren Raum suchen, z.B. eine Uni-Sporthalle, ein Gemeindezentrum oder eine größere Schule. Auch Stadthallen oder Tagungszentren eignen sich hervorragend für solche Wettkämpfe, allerdings sind diese zuweilen recht teuer und nicht immer leicht zu bekommen.

Egal, in welchen Räumlichkeiten Ihr Wettkampf stattfindet, sorgen Sie dafür, daß sie gut ausgeleuchtet sind und sämtliche Hindernisse wie Basketballkörbe und Sitzplätze soweit wie möglich entfernt werden. Der Tisch des Punktrichters sollte an einer für jedermann sichtbaren Stelle stehen. Wettkampfteilnehmer können sich dort anmelden oder sich über verschiedene Wettkämpfe und deren Ergebnisse informieren.

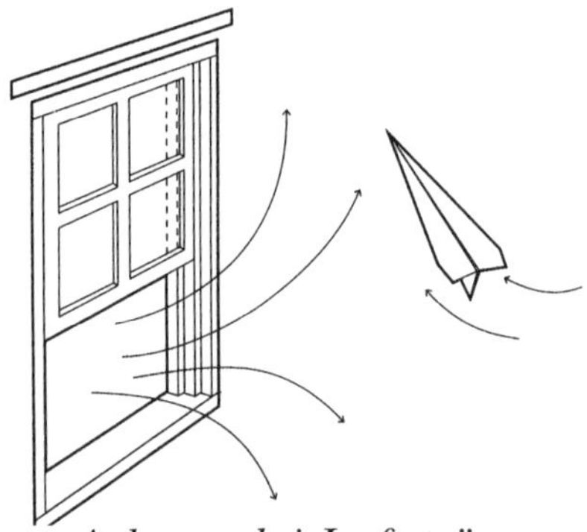

Achtung bei Luftströmen in Räumen

Denken Sie daran, daß auch in geschlossenen Räumen durch offene Türen und Fenster oder durch Belüftungssysteme Luftströme entstehen können. Schließen Sie deshalb, falls möglich, während des Wettkampfes alle Türen und Fenster, und schalten Sie das Belüftungssystem ab. Sonst beschweren sich womöglich Wettkampfteilnehmer, der Gewinner sei aufgrund eines plötzlichen Windstoßes im Vorteil gewesen.

Wettkampfkategorien

Die gängigsten Wettkämpfe beinhalten Disziplinen wie längste Flugzeit, maximale Flugweite, Zielgenauigkeit und Nachbau eines berühmten Flugzeugs. Es gibt aber auch Wettkämpfe, bei denen es um den Bau des Flugzeugs geht. Manchmal müssen die Flugzeuge aus mehreren Blatt Papier, Klebestreifen, Klebstoff und/oder Ballast gebaut werden, manchmal aber auch nur aus einem einzigen Blatt Papier, das erst kurz vor dem Wettkampf ausgegeben wird. Was ich bisher kaum gesehen habe, aber für eine gute Idee halte, wäre, zunächst Papier mit Faltanweisungen zu verteilen und dann einen Wettkampf zu veranstalten, bei dem jeder Teilnehmer das gleiche Modell fliegt.

Ist die Zahl der Wettkampfteilnehmer größer, kann es notwendig werden, die Teilnehmer zwecks besserer Organisation in **KATEGORIEN** einzuteilen. Dadurch bekommen auch mehr Leute eine Gewinnchance. Eine natürliche Kategorie wäre die Aufteilung nach Altergruppen, besonders unter dem Aspekt, daß kleinere Kinder nicht so viel Kraft haben wie größere Kinder oder Erwachsene und ihre Papierflieger deshalb auch nicht so weit und so hoch werfen können. Jede Gruppe sollte aus mindestens drei, aber nicht mehr als zwanzig Teilnehmern bestehen.

Eine weitere Möglichkeit wäre, die Teilnehmer nach ihrem Können einzuteilen. So kann man beispielsweise diejenigen, die berufsmäßig mit Flugzeugen zu tun haben oder die Fliegerei bzw. Modellfliegerei als Hobby betreiben, als »Profis« einstufen. Amateure sind Teilnehmer ohne dieses Hintergrundwissen. Die Organisatoren der Veranstaltung können für Wettkämpfe, bei denen Profis gegen Amateure antreten, ihre eigenen Maßstäbe anlegen, je nachdem, welche Leute daran teilnehmen. Ich habe einmal an einem seit langem alljährlich stattfindenden Wettkampf teilgenommen, wo ein Profi jemand ist, der schon einmal gewonnen hat, und ein Amateur jemand, der noch nie gewonnen hat.

Bauweise

Es gibt nirgendwo offizielle Bestimmungen darüber, was ein Papierflieger ist oder als solcher gilt. Folglich gibt es für jeden Wettkampf bestimmte Spielregeln, die Art und Gewicht des Papiers festlegen sowie die Veränderungen, die man mit Schere, Klebstoff, Klebestreifen, Büroklammern etc. vornehmen darf.

Bei manchen Wettkämpfen darf man Papierflieger aus jeglichem Papiermaterial in Blattform herstellen. Sogar Plakatkarton darf man zuschneiden und zusammenkleben, um daraus einen balsaholzartigen, von Hand in Bewegung zu setzenden Segelflieger zu machen. Natürlich wäre solch ein Flieger einem anderen aus weniger solidem Material überlegen, deshalb sind Vorschriften zum Papiergewicht hilfreich. Normalerweise brauchen sich die Veranstalter keine Gedanken über die Mindeststärke des Papiers zu machen, da sehr dünnes Papier, wie z. B. Pauspapier, zu dünn ist, um damit einen Wettkampf zu gewinnen.

Bei Wettkämpfen, wo die Papierflieger vom Boden aus gestartet werden, spielt die Größe des Fliegers eigentlich keine Rolle, weshalb es auch keine Vorschriften zur Einschränkung der Fliegergröße gibt. Bei Wettkämpfen hingegen, wo die Flieger von einer Tribüne aus gestartet werden und die Zeitdauer bewertet wird, die der Flieger in der Luft bleibt, können größere Flieger im Vorteil sein. Hier wäre eine Vorschrift notwendig, um die Anzahl der verwendeten Blätter zu begrenzen, damit die Flieger nicht zu groß geraten. Genauso wichtig bei dieser Art von Wettkampf ist eine Regelung zur Mindestgröße der Flieger. Auf einem Wettkampf in Georgia hatte einer der Teilnehmer eine kleine Ecke von einem Stück Papier abgerissen und langsam zu Boden flattern lassen - er gewann den Wettkampf! So etwas läßt sich durch Bestimmungen verhindern, die für alle am Wettkampf teilnehmenden Flieger eine Mindestmenge an Papier, eine Mindestspannweite der Flügel oder einen gleichmäßigen Flug festlegen.

Die meisten Flieger können mit Hilfe von Einschnitten, Klebstoff und/oder Klebestreifen verbessert werden, und bei den meisten Wettkämpfen sind solche Maßnahmen bis zu einem bestimmten Grad auch erlaubt. (Bei Wettkämpfen mit Modellflugzeugen ist die Verwendung von Schere, Klebstoff und Klebestreifen in der Regel erlaubt, um die Flugzeuge so echt wie möglich aussehen zu lassen.) Das Problem bei Klebstoff und auch Klebestreifen liegt darin, daß die Flugzeuge immer komplizierter werden. Es dauert länger, sie zu basteln, und die Zahl der Wettkampfteilnehmer sinkt, da nur noch erfahrene Leute daran teilnehmen können. Normalerweise werden auf Wettkämpfen, bei denen Flugzeit und -weite bewertet werden und die Verwendung von Klebestreifen oder Klebstoff erlaubt ist, daneben auch immer Wettkämpfe abgehalten, bei denen die Verwendung solcher Materialien eingeschränkt ist und somit mehr Leute die Möglichkeit haben, daran teilzunehmen.

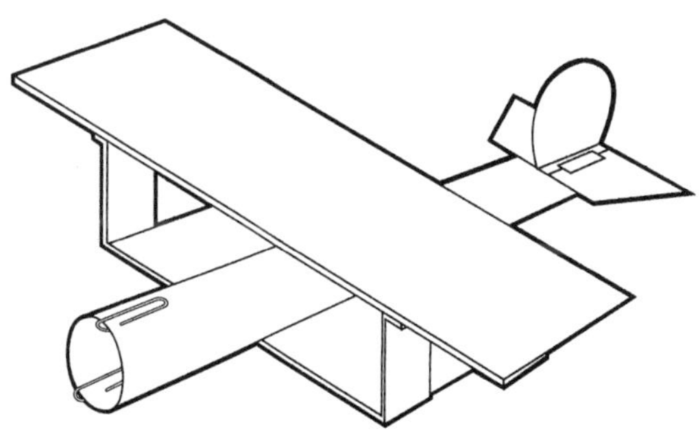

Ballast kann die Stabilität erhöhen

Als Ballast bezeichnet man ein zusätzlich am Bug oder Heck des Fliegers angebrachtes Gewicht, mit dem der Flieger besser fliegt.

Manchmal wickle ich einige Schichten Klebestreifen um den Bug eines spitzen Modells, um den Flug zu verbessern. Für Langstrecken-Wettkämpfe ist eine Ballastbeschränkung angebracht, z.B. eine Büroklammer pro Flugzeug, um zu verhindern, daß manche Teilnehmer aus ihren Flugzeugen Wurfpfeile machen. Für Papierflieger, bei denen es auf die Flugzeit ankommt, ist zuviel Ballast eher von Nachteil, deshalb braucht man für diese Disziplin keine Vorschrift zum Ballast.

Wurfbestimmungen

Für jeden Papierflieger-Wettkampf muß es Wurfbestimmungen geben. So sollte z.B. geregelt sein, wer den Flieger wirft, der Wettkampfteilnehmer oder der Punktrichter. Wie viele Flieger darf jeder Teilnehmer werfen? Und wie viele Versuche pro Flieger sind erlaubt?

Bei den meisten Wettkämpfen werfen die Teilnehmer ihre Flieger selbst; das Limit liegt bei ein bis zwei Fliegern pro Person und Wettkampf. Die Anzahl der Würfe wird normalerweise durch eine der folgenden beiden Bestimmungen eingeschränkt: Begrenzung der Anzahl der Würfe pro Flieger oder ein bestimmtes Zeitlimit für die Würfe. Bei vielen Wettkämpfen haben die Teilnehmer drei Würfe, oder sie dürfen beliebig viele Versuche innerhalb einer bestimmten Zeit absolvieren, normalerweise zwei oder drei Minuten. Manchmal wird auch für jede Disziplin ein Zeitlimit aufgestellt, z.B. 15 oder 30 Minuten. Die Teilnehmer stellen sich in einer Reihe auf, und der erste wirft. Wenn die Punktrichter die Zeit gestoppt oder die zurückgelegte Strecke gemessen haben, sammelt der Teilnehmer seinen Flieger wieder ein und stellt sich hinten an. Dann ist der nächste an der Reihe. Das Ganze wiederholt sich, bis die Zeit abgelaufen ist und jeder Teilnehmer einige Würfe absolviert hat. Mit dieser Beschränkung kann der Zeitplan des gesamten Wettkampfes eingehalten werden, gleichgültig, wie viele Leute daran teilnehmen.

Der Kampf um die Trophäe

Für die Herstellung eines Champion-Papierfliegers braucht man Erfahrung, Geduld und ein bißchen Glück. Die Modelle in diesem Buch sind ideal, um Wettkämpfe zu gewinnen.

Wettkämpfe, die vom Boden aus stattfinden und bei denen die Zeitdauer zählt, die der Flieger in der Luft verweilt, gewinnt man am ehesten mit – wer hätte das gedacht! – dem World Record Plane. Dabei sollte man allerdings immer die auf S. 16 beschriebene Weltrekord-Wurftechnik anwenden. Wenn diese Art von Wettkampf jedoch von einer Tribüne aus stattfindet, ist das Modell Condor sicher die bessere Wahl, da die Sinkgeschwindigkeit bei diesem Modell niedriger liegt.

Für Wettkämpfe, bei denen es auf Flugweite oder Wurfgenauigkeit ankommt, eignen sich die Modelle Eagle, Hornet oder Interceptor am besten. Probieren Sie einfach alle drei aus, und wählen Sie das Modell, mit dem Sie am besten zurechtkommen. Falls dies im Wettkampf erlaubt sein sollte, beschweren Sie den Bug des Flugzeugs zusätzlich. Für Langstrecken-Wettkämpfe im Freien nehmen Sie am besten das World Record Plane. Werfen Sie es so hoch wie möglich in die Luft, und überlassen Sie den Rest dem Wind.

Wie ich bereits in der Einführung erwähnte, spielt der Wurf eine ebenso große Rolle wie der Flieger selbst. Für Wettkämpfe, bei denen die Flugzeit zählt, sollten Sie Ihren Wurfarm vorher trainieren. Kommt es dagegen auf Genauigkeit und Kunstfliegerei an, hilft nur üben, üben und nochmals üben.

Falten und Feineinstellung

Allgemeine Richtlinien

Auf allen nun folgenden Fliegern finden Sie gestrichelte oder gepunktete Linien, manchmal stehen auch Zahlen daneben. Diese Linien dienen als Anhaltspunkte.

Zwischen den gestrichelten und den gepunkteten Linien besteht ein wichtiger Unterschied, den Sie unbedingt beachten sollten. Bei den **GESTRICHELTEN** Linien handelt es sich um »Innenkanten«, d. h., diese Linien befinden sich immer auf der Innenseite eines Falzes und sind nach Fertigstellung des Fliegers nicht mehr zu sehen.

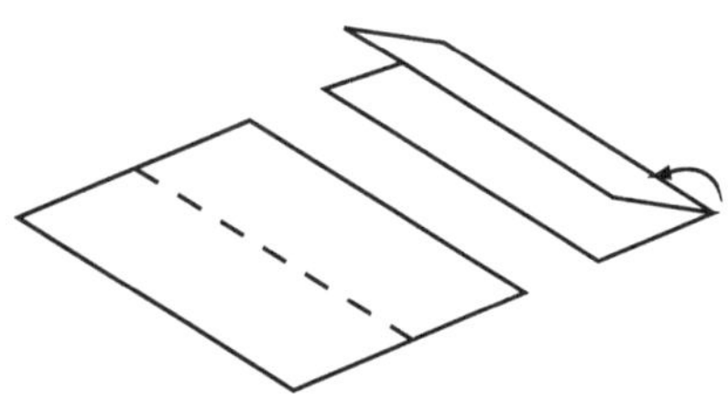

Gestrichelte Linien liegen innen

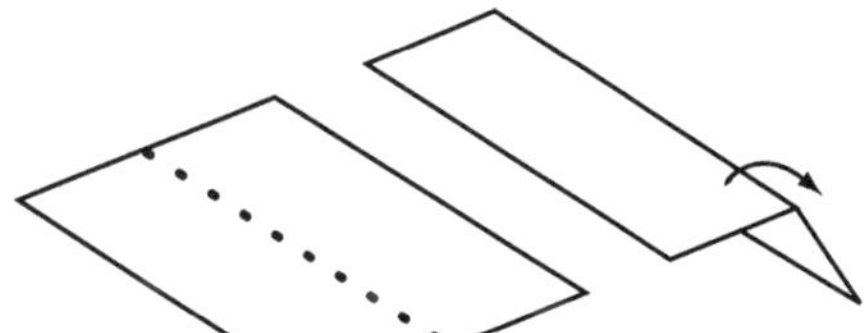

Gepunktete Linien liegen außen

Bei den **GEPUNKTETEN** Linien hingegen handelt es sich um »Außenkanten«, die beim fertigen Flieger zu sehen sind. Oft sind die gepunkteten Linien einfach nur als kleiner Anhaltspunkt auf der Rückseite einer gestrichelten Linie aufgedruckt, damit Sie sicher sein können, daß Sie das Papier richtig herum falten. Bei manchen Modellen benötigen Sie eine Schere, dort finden Sie fette, **durchgezogene** Schnittlinien, die zusätzlich mit einem Scherensymbol gekennzeichnet sind.

Die Faltlinien sind der Reihe nach numeriert. Haben Sie sich erst einmal an die Falttechnik gewöhnt, brauchen Sie die schematischen Faltanweisungen auf den folgenden Seiten wahrscheinlich gar nicht mehr zu lesen.

Auf diesen Faltanweisungen sehen Sie noch einmal genau dieselben Linien wie auf den Fliegern selbst. Zusätzlich zu den gestrichelten, gepunkteten und fetten, durchgezogenen Linien gibt es hier auch noch durchgezogene Linien normaler Stärke. Sie zeigen den vorhergehenden Schritt oder die Papierkante an.

Es ist nicht notwendig, haargenau entlang der gestrichelten oder gepunkteten Linien zu falten. In einigen Fällen ist das sogar unmöglich. Versuchen Sie einfach, so genau wie möglich zu arbeiten. Achten Sie aber vor allem darauf, daß Ihre Tragflächen gleichmäßig sind. Wenn sie nämlich am Ende unterschiedlich in Form oder Größe sind, wird Ihr Flieger kaum gut fliegen.

BASIC SQUARE PLANE

DIESER FLIEGER IST SEHR EINFACH, eignet sich jedoch gut für Kunstflüge und lange Flüge. Das World Record Plane beruht auf diesem Modell. Es läßt sich leicht verändern und ist deshalb optimal für erste Experimente geeignet. Die hier gezeigte Ausführung hat keine Stege. Sie können diese jedoch zusätzlich anbringen, um dem Flieger mehr Stabilität zu verleihen.

REGULIERUNG DES FLUGES

☞ **IHR FLIEGER STÜRZT AB:** Biegen Sie die Höhenruder leicht nach oben, *oder* werfen Sie den Flieger mit mehr Schwung.

☞ **IHR FLIEGER STEIGT, WIRD DANN LANGSAMER UND STÜRZT SCHLIESSLICH AB:** Biegen Sie die Höhenruder leicht nach unten, *oder* werfen Sie den Flieger etwas behutsamer.

☞ **IHR FLIEGER ZIEHT NACH RECHTS:** Biegen Sie das Seitenruder leicht nach links.

☞ **IHR FLIEGER ZIEHT NACH LINKS:** Biegen Sie das Seitenruder leicht nach rechts.

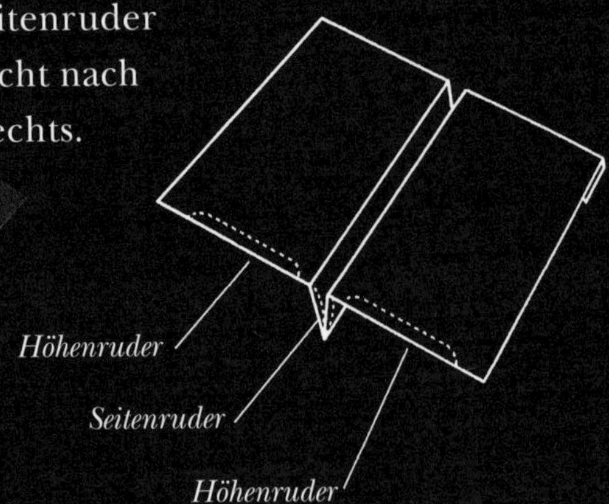

Hinweis: Gestrichelte Linien liegen innen, gepunktete Linien außen.

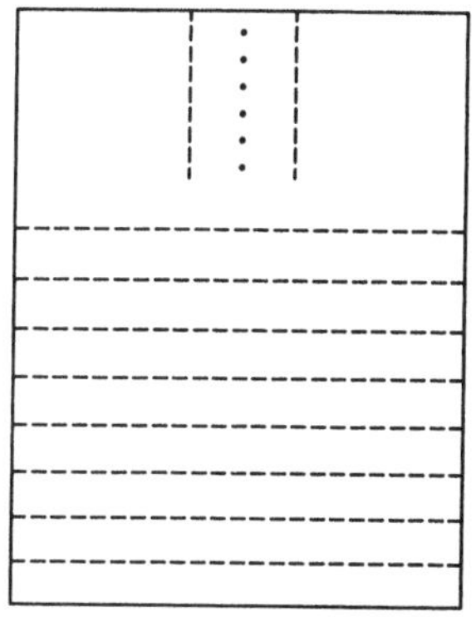

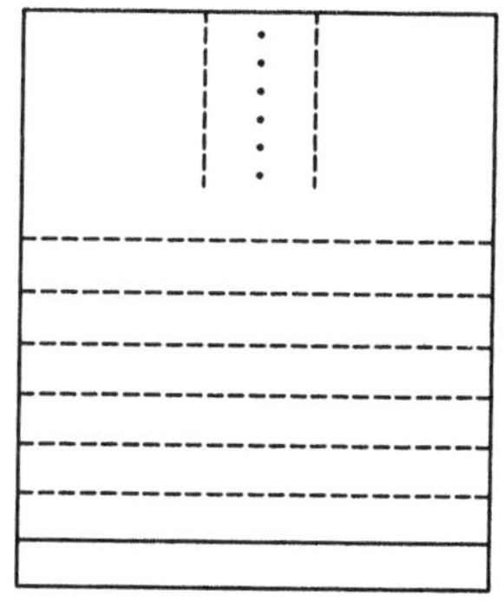

1. Falten Sie entlang Linie 1, so daß die Kante auf Linie 2 stößt.

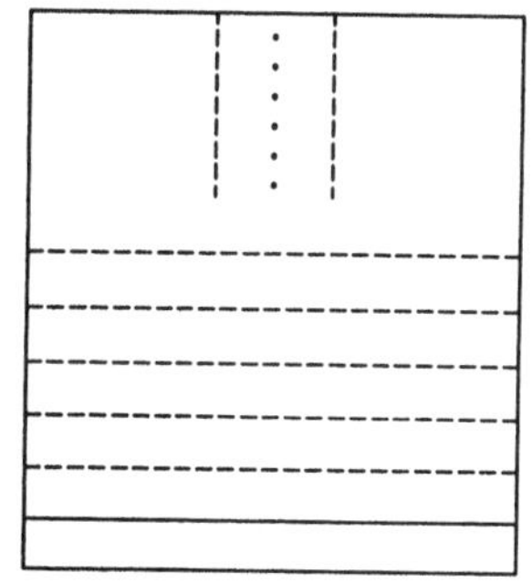

2. Falten Sie entlang Linie 2, so daß der erste Falz auf Linie 3 stößt.

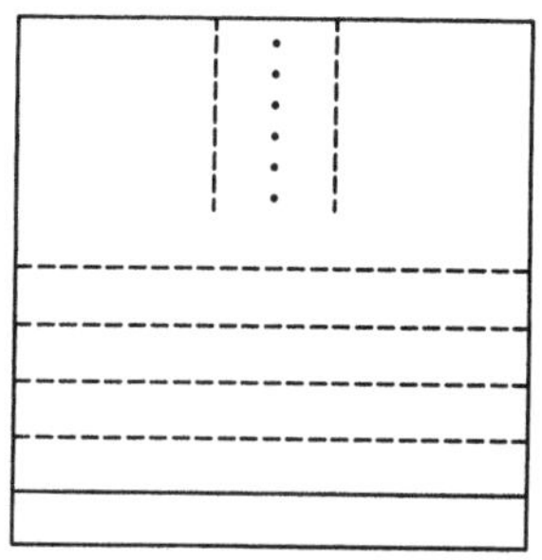

3. Falten Sie entlang Linie 3, so daß der Falz auf Linie 4 stößt, und fahren Sie so fort bis Linie 7.

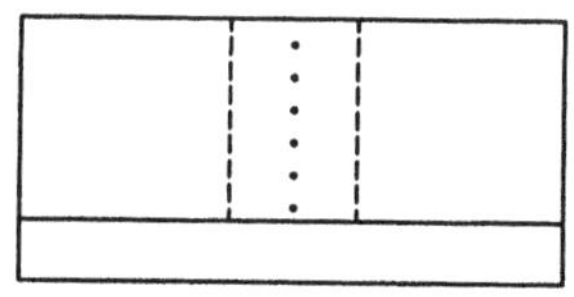

4. Falten Sie entlang Linie 7, so daß Sie an Linie 8 stoßen.

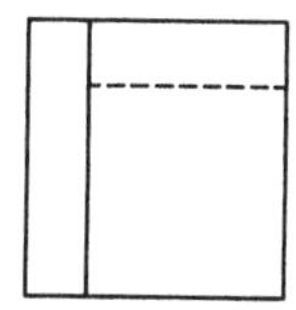

5. Drehen Sie das Blatt, und falten Sie es entlang Linie 9 in der Mitte zusammen.

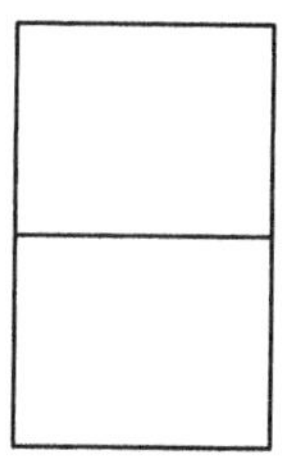

6. Falten Sie nun einen Flügel entlang Linie 10 nach oben.

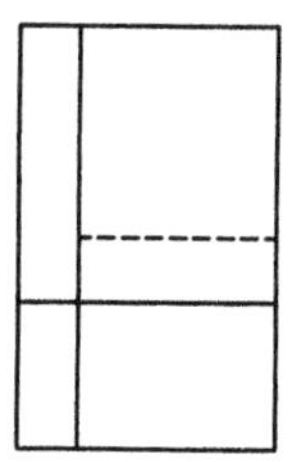

7. Drehen Sie den Flieger um.

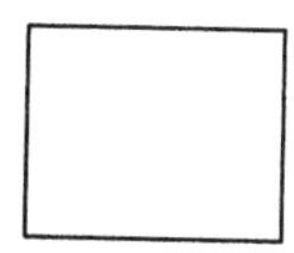

8. Falten Sie nun den anderen Flügel entlang Linie 11 nach unten.

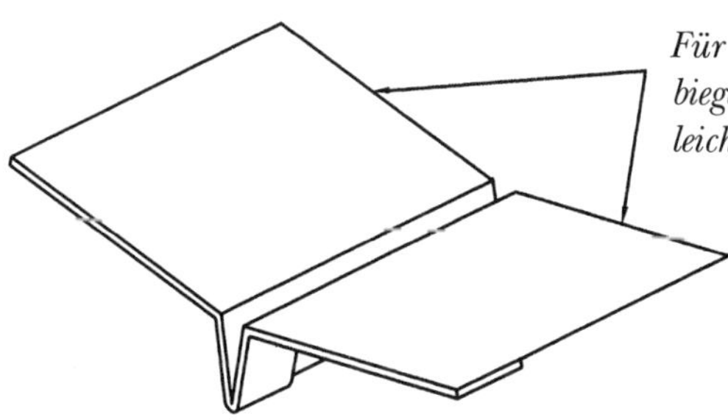

Für einen optimalen Flug biegen Sie die Höhenruder leicht nach oben.

Prüfen Sie, ob sich die Flügelspitzen oberhalb des Flugzeugrumpfes befinden und mit diesem ein »Y« bilden.

BASIC DART

HIERBEI HANDELT ES SICH um den wahrscheinlich gebräuchlichsten Papierflieger. Er läßt sich einfach und schnell falten, außerdem fliegt er schnell und weit. Wahrscheinlich haben Sie von diesem Modell schon viele Variationen gesehen und auch selbst ausprobiert. Stege an den Enden der Tragflächen sowie ein Höhenruder sind für den gleichmäßigen Flug unbedingt erforderlich. Um zusätzliche Stabilität zu erreichen, können Sie ein paar Klebestreifen oder eine Büroklammer an der Nase des Fliegers anbringen.

REGULIERUNG DES FLUGES

☞ **IHR FLIEGER STÜRZT AB:** Biegen Sie die Höhenruder leicht nach oben, *oder* werfen Sie den Flieger mit mehr Schwung.

☞ **IHR FLIEGER STEIGT, WIRD DANN LANGSAMER UND STÜRZT SCHLIESSLICH AB:** Biegen Sie die Höhenruder leicht nach unten, *oder* werfen Sie das Flugzeug etwas behutsamer.

☞ **IHR FLIEGER ZIEHT NACH RECHTS:** Biegen Sie das Seitenruder leicht nach links.

☞ **IHR FLIEGER ZIEHT NACH LINKS:** Biegen Sie das Seitenruder leicht nach rechts.

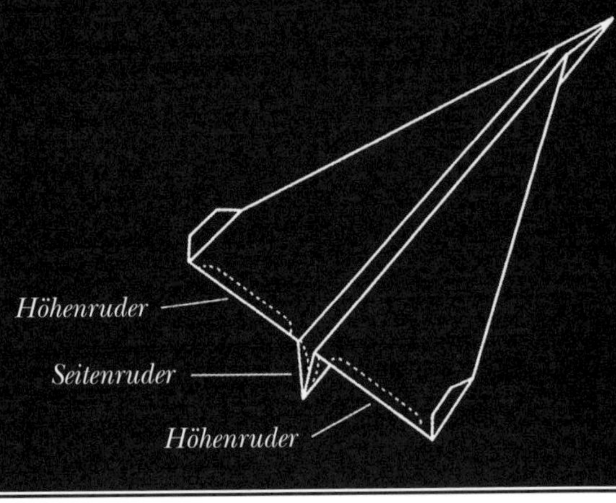

Hinweis: Gestrichelte Linien liegen innen, gepunktete Linien außen.

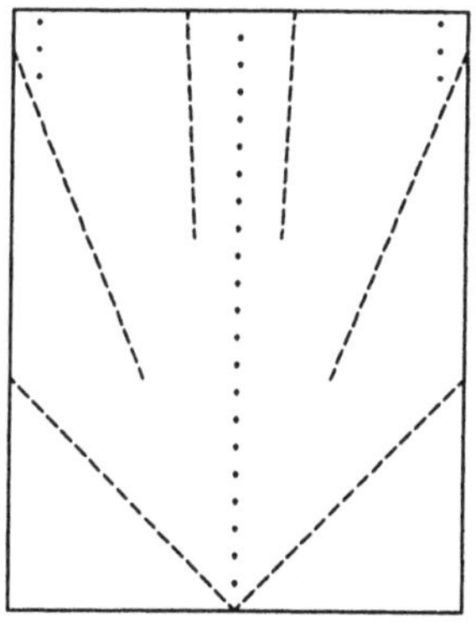

1. Falten Sie das Blatt entlang der Mittellinie zusammen und wieder auseinander.

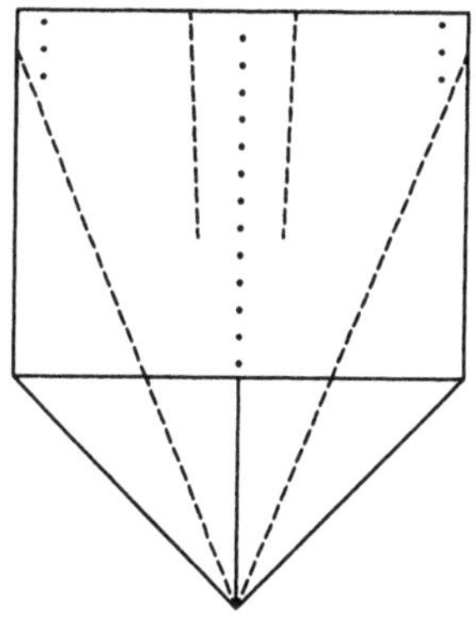

2. Falten Sie das Blatt entlang der Linien 1 und 2 nach innen.

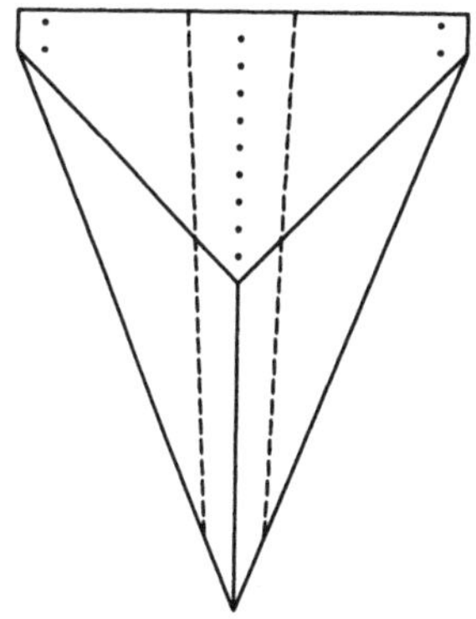

3. Verfahren Sie genauso mit Linie 3 und 4.

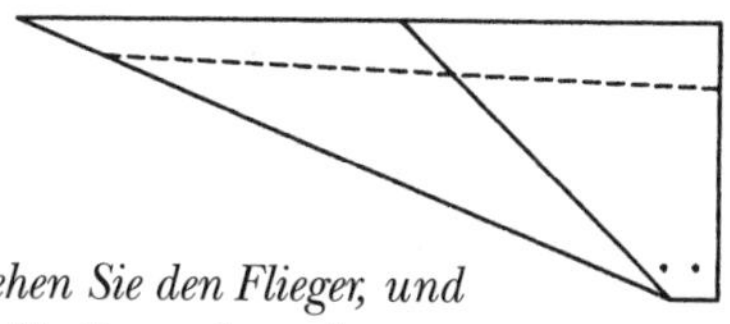

4. Drehen Sie den Flieger, und falten Sie ihn entlang der Mittellinie zusammen (Linie 5).

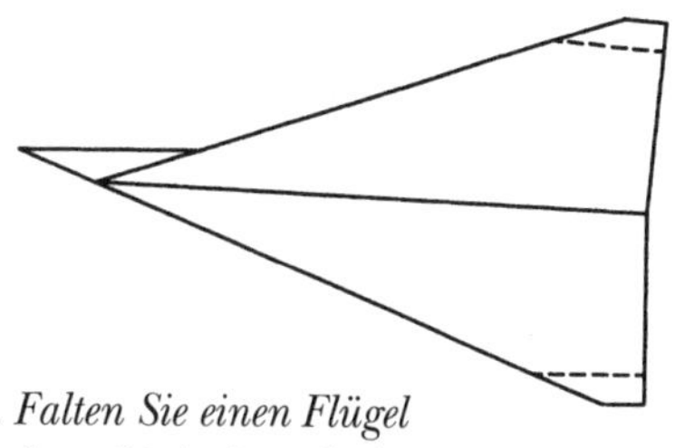

5. Falten Sie einen Flügel entlang Linie 6 nach oben.

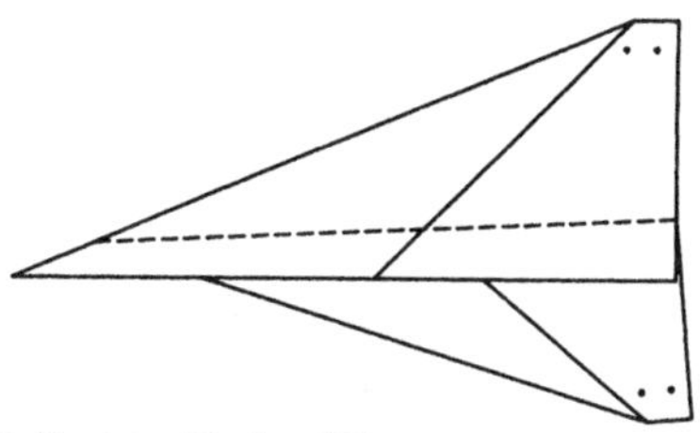

6. Drehen Sie den Flieger um.

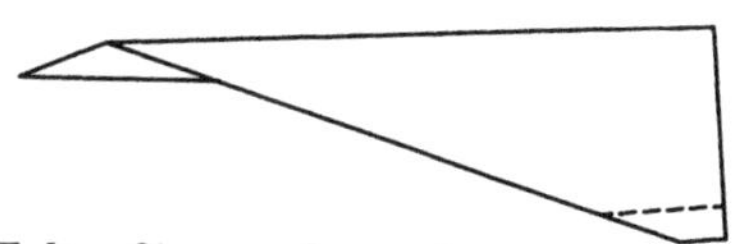

7. Falten Sie nun den anderen Flügel entlang Linie 7 nach unten.

8. Knicken Sie die Flügelspitzen entlang Linie 8 und 9 nach oben.

Für einen optimalen Flug biegen Sie die Höhenruder leicht nach oben.

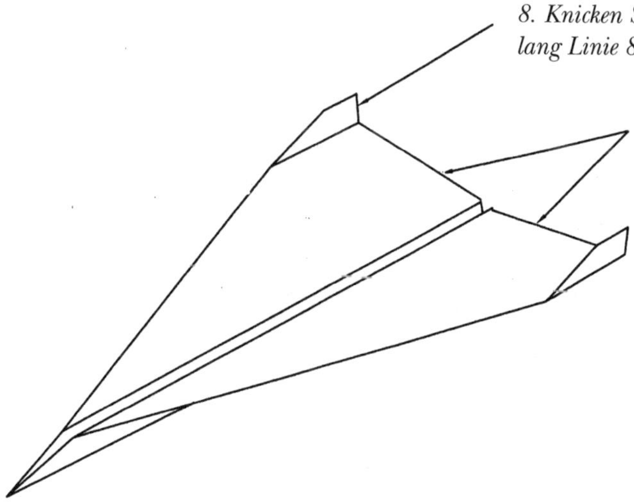

Prüfen Sie, ob sich die Flügelspitzen oberhalb des Flugzeugrumpfes befinden und mit diesem ein »Y« bilden.

STUNT PLANE

Wegen seines Hecks eignet sich das Stunt Plane besonders gut für Kunstflüge. Wenn Sie das Heck wie beschrieben einschneiden, läßt es sich sehr leicht einstellen, und der Flieger wird gute Loopings und Kurven fliegen. Außerdem bleibt er lange in der Luft, wenn man ihn hoch genug wirft.

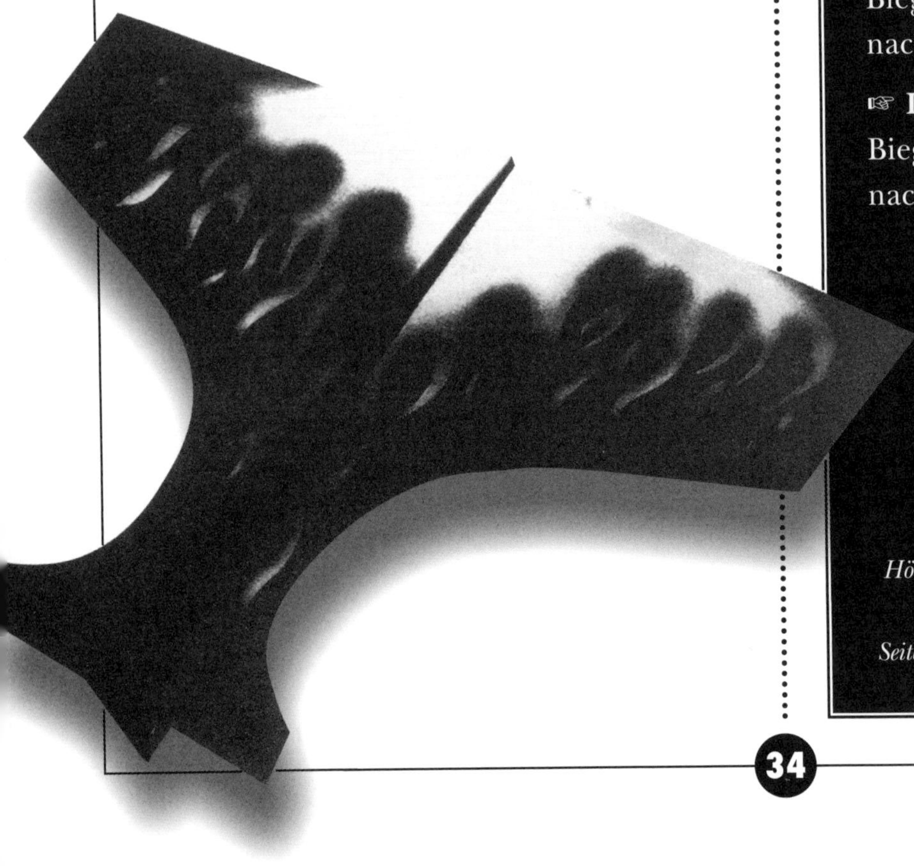

REGULIERUNG DES FLUGES

☞ **Ihr Flieger stürzt ab:** Biegen Sie die Höhenruder leicht nach oben, *oder* werfen Sie den Flieger mit mehr Schwung.

☞ **Ihr Flieger steigt, wird dann langsamer und stürzt schliesslich ab:** Biegen Sie die Höhenruder leicht nach unten, *oder* werfen Sie das Flugzeug etwas behutsamer.

☞ **Ihr Flieger zieht nach rechts:** Biegen Sie das Seitenruder leicht nach links.

☞ **Ihr Flieger zieht nach links:** Biegen Sie das Seitenruder leicht nach rechts.

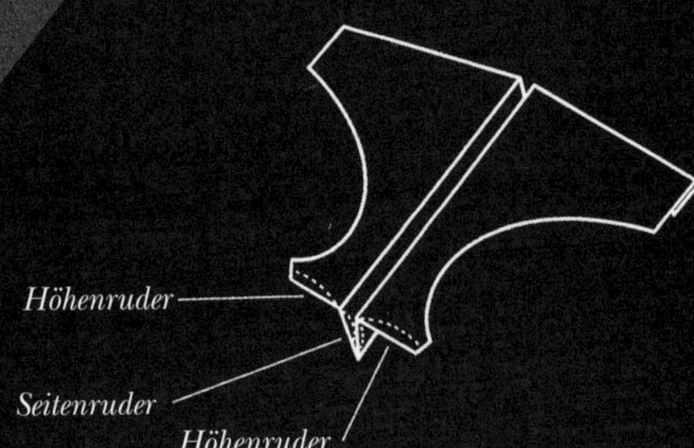

Hinweis: Entlang der fetten, durchgezogenen Linien schneiden, gestrichelte Linien liegen innen, gepunktete Linien außen.

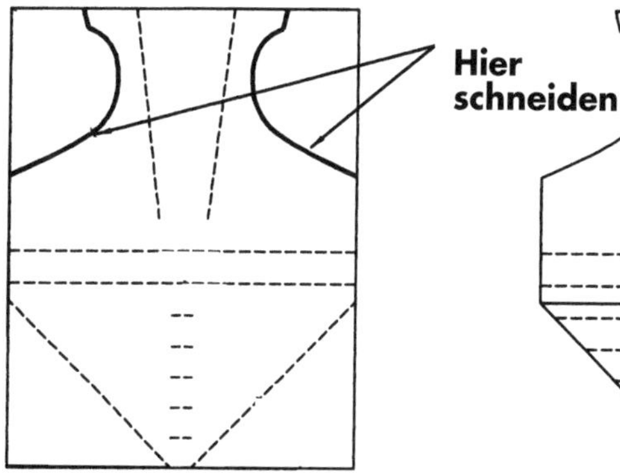

1. Schneiden Sie das Papier wie abgebildet entlang der fetten Linien aus. Falten Sie das Blatt entlang der Mittellinie (10) zusammen und wieder auseinander.

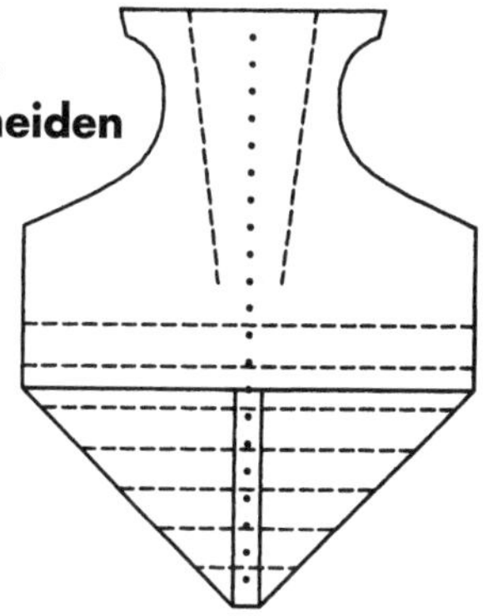

2. Falten Sie das Blatt entlang der Linien 1 und dann 2 nach innen.

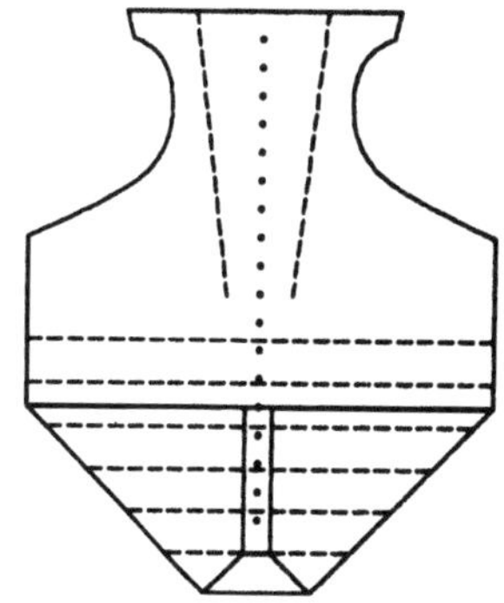

3. Falten Sie die Nase entlang der Linien 3 und 4 nach innen, bis Sie an Linie 4 stoßen.

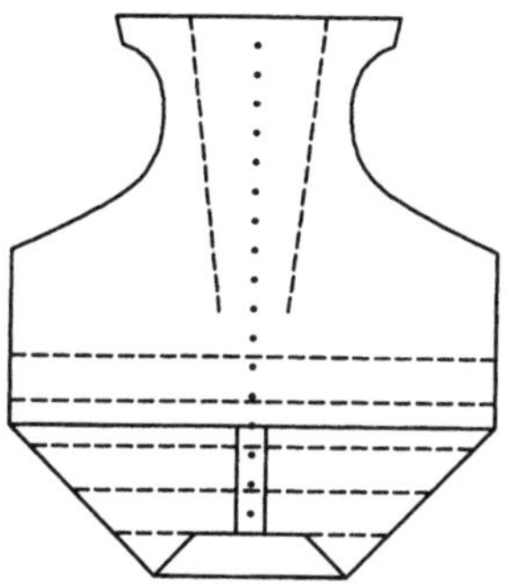

4. Falten Sie entlang Linie 4, so daß der Falz auf Linie 5 stößt.

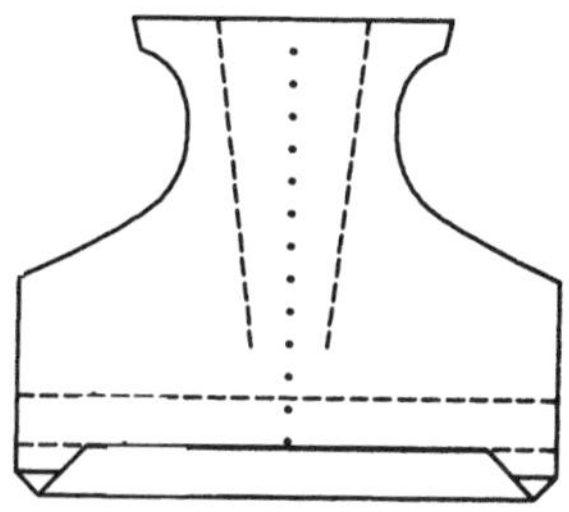

5. Falten Sie Linie 5, 6 und 7 genauso.

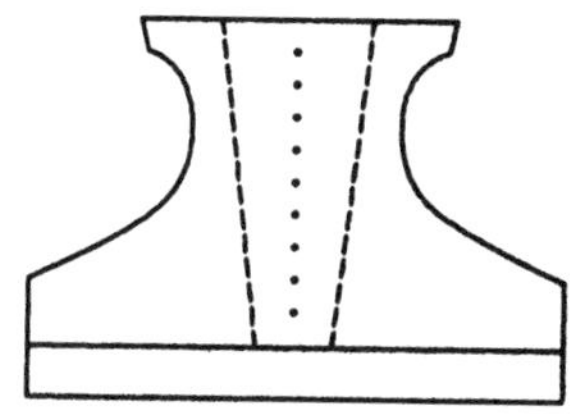

6. Verfahren Sie ebenso bei Linie 8 und 9.

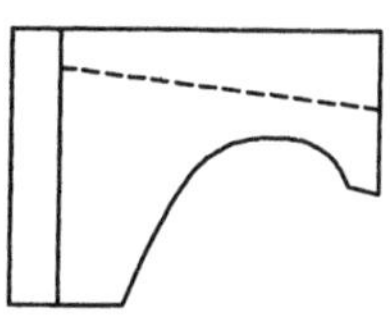

7. Drehen Sie den Flieger, und falten Sie ihn in der Mitte entlang Linie 10 nach außen.

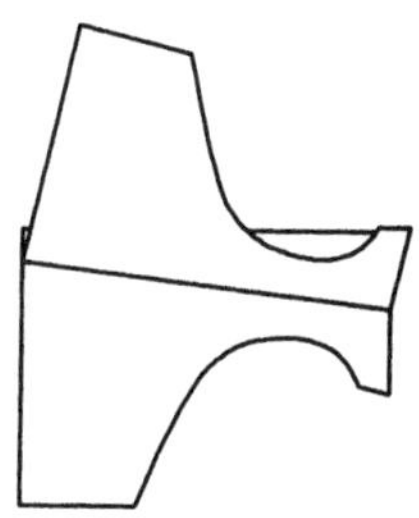

8. Falten Sie einen Flügel entlang Linie 11 nach oben.

9. Drehen Sie den Flieger um, und falten Sie den anderen Flügel entlang Linie 12 nach unten.

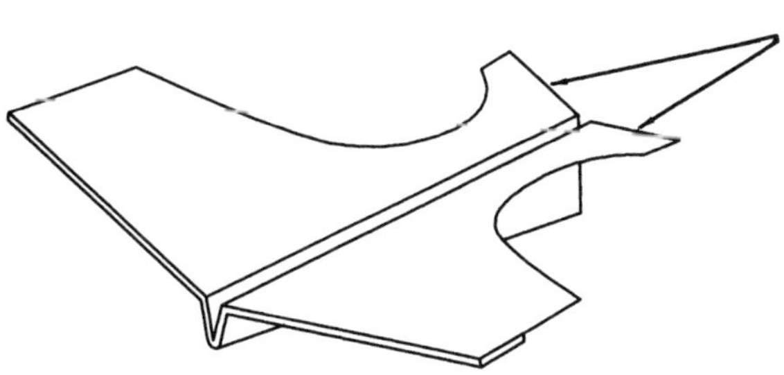

Für einen optimalen Flug biegen Sie die Höhenruder leicht nach oben.

Prüfen Sie, ob sich die Flügelspitzen oberhalb des Flugzeugrumpfes befinden und mit diesem ein »Y« bilden.

EAGLE

Dieser Flieger ist ein sehr stabiler Gleiter. Das Modell ist eine Art Pfeil, für die Nase wird jedoch mehr Papier verwendet als bei den meisten Pfeilmodellen, wodurch sich die Stabilität erhöht. Der Eagle ist ideal für Langstrecken- und Präzisionsflüge. Für einen optimalen Flug muß in der Regel ein Höhenruder angebracht werden. Experimentieren Sie mit verschiedenen Stegen, und prüfen Sie, wie sich das auf den Flug auswirkt.

REGULIERUNG DES FLUGES

☞ **Ihr Flieger stürzt ab:** Biegen Sie die Höhenruder leicht nach oben, *oder* werfen Sie den Flieger mit mehr Schwung.

☞ **Ihr Flieger steigt, wird dann langsamer und stürzt schliesslich ab:** Biegen Sie die Höhenruder leicht nach unten, *oder* werfen Sie das Flugzeug etwas behutsamer.

☞ **Ihr Flieger zieht nach rechts:** Biegen Sie das Seitenruder leicht nach links.

☞ **Ihr Flieger zieht nach links:** Biegen Sie das Seitenruder leicht nach rechts.

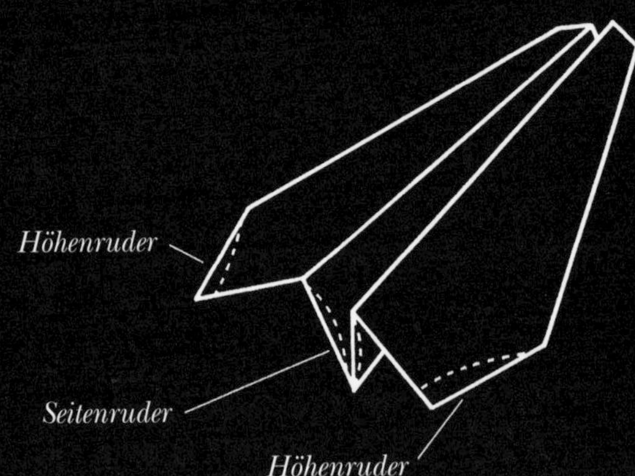

Hinweis: Gestrichelte Linien liegen innen, gepunktete Linien außen.

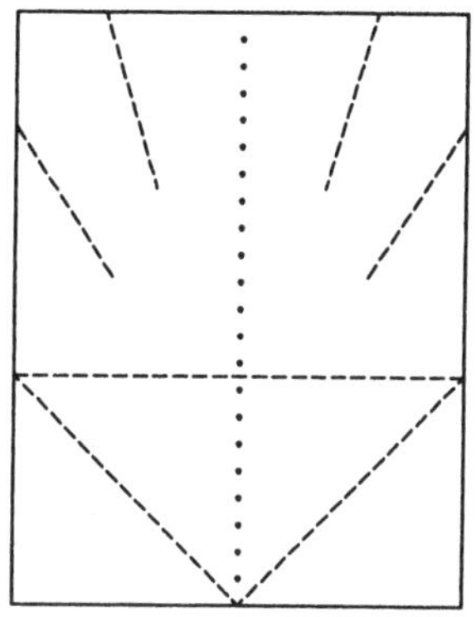

1. Falten Sie das Blatt entlang der Mittellinie (Linie 7) zusammen und wieder auseinander.

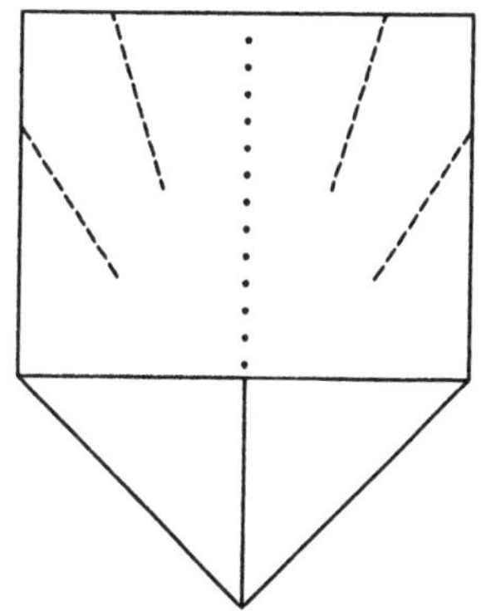

2. Falten Sie das Blatt entlang der Linien 1 und 2 nach hinten.

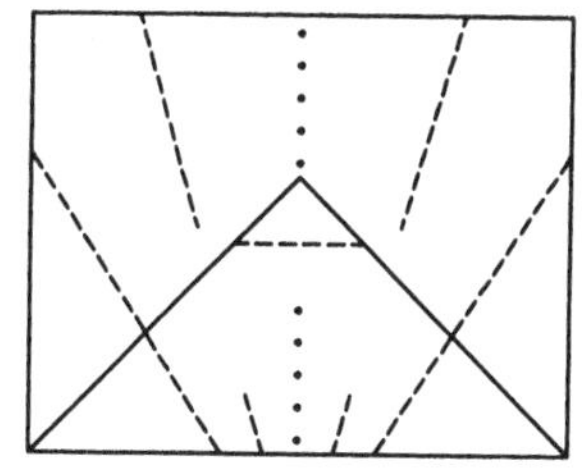

3. Falten Sie das Blatt entlang Linie 3.

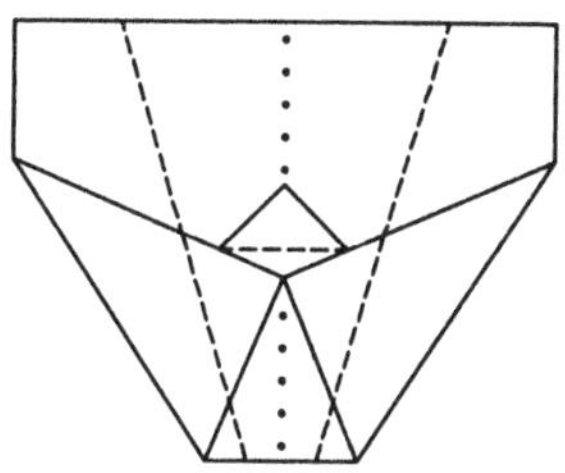

4. Falten Sie das Blatt nun entlang Linie 4 und 5 nach innen.

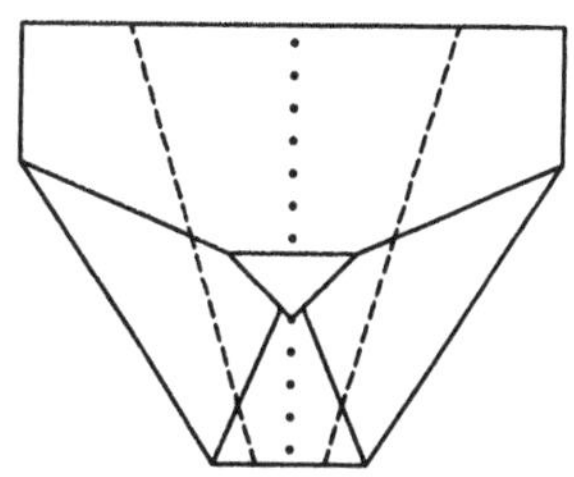

5. Knicken Sie die Nase entlang Linie 6 nach unten.

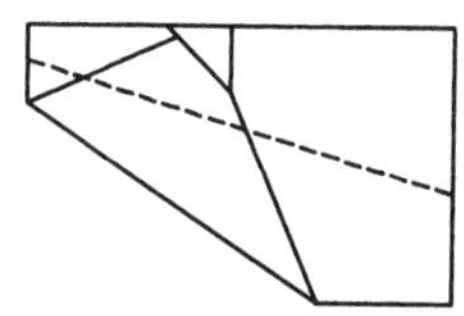

6. Drehen Sie das Blatt, und falten Sie es wieder entlang der Mittellinie (Linie 7) zusammen.

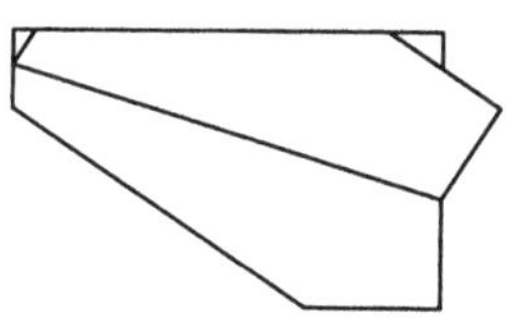

7. Falten Sie einen Flügel entlang Linie 8 nach oben.

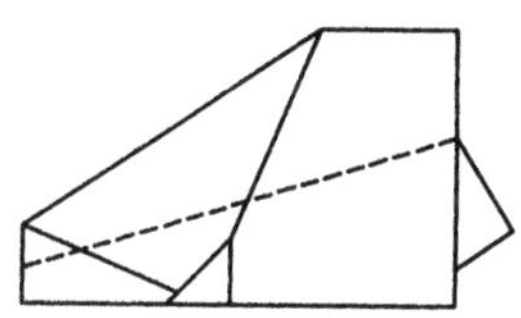

8. Drehen Sie den Flieger um.

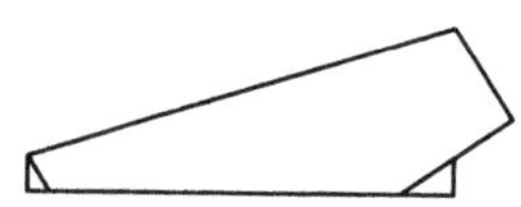

9. Falten Sie nun den anderen Flügel entlang der Linie 9 nach unten.

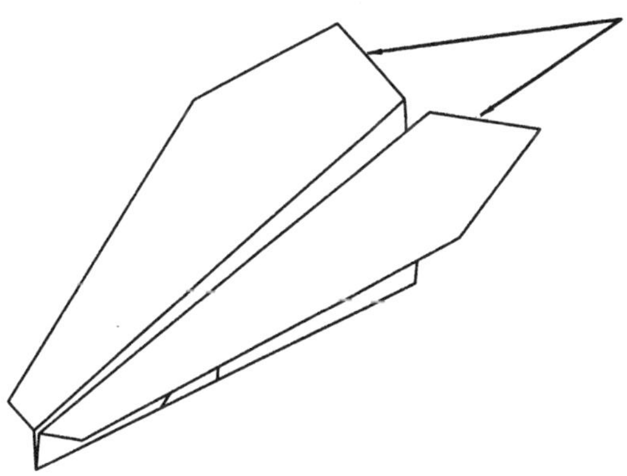

Für einen optimalen Flug biegen Sie die Höhenruder leicht nach oben.

Prüfen Sie, ob sich die Flügelspitzen oberhalb des Flugzeugrumpfes befinden und mit diesem ein »Y« bilden.

CHOPPER

BEIM CHOPPER HANDELT ES SICH zwar um keinen richtigen Flieger, aber dieses wie ein Hubschrauber fliegende Modell verspricht jede Menge Spaß.

Die technische Bezeichnung dieses Modells lautet Autogiro. Er wurde 1923 von dem Spanier Juan de la Cierva entwickelt und war der Vorläufer des heutigen Hubschraubers. Durch die hindurchströmende Luft fangen die Propellerblätter (Rotoren) an, sich zu drehen; der dadurch entstehende Auftrieb bewirkt, daß der Autogiro langsamer fällt. Wenn bei einem Hubschrauber der Motor ausfällt, wird er praktisch zum Autogiro: Er sinkt wie der Chopper langsam zu Boden.

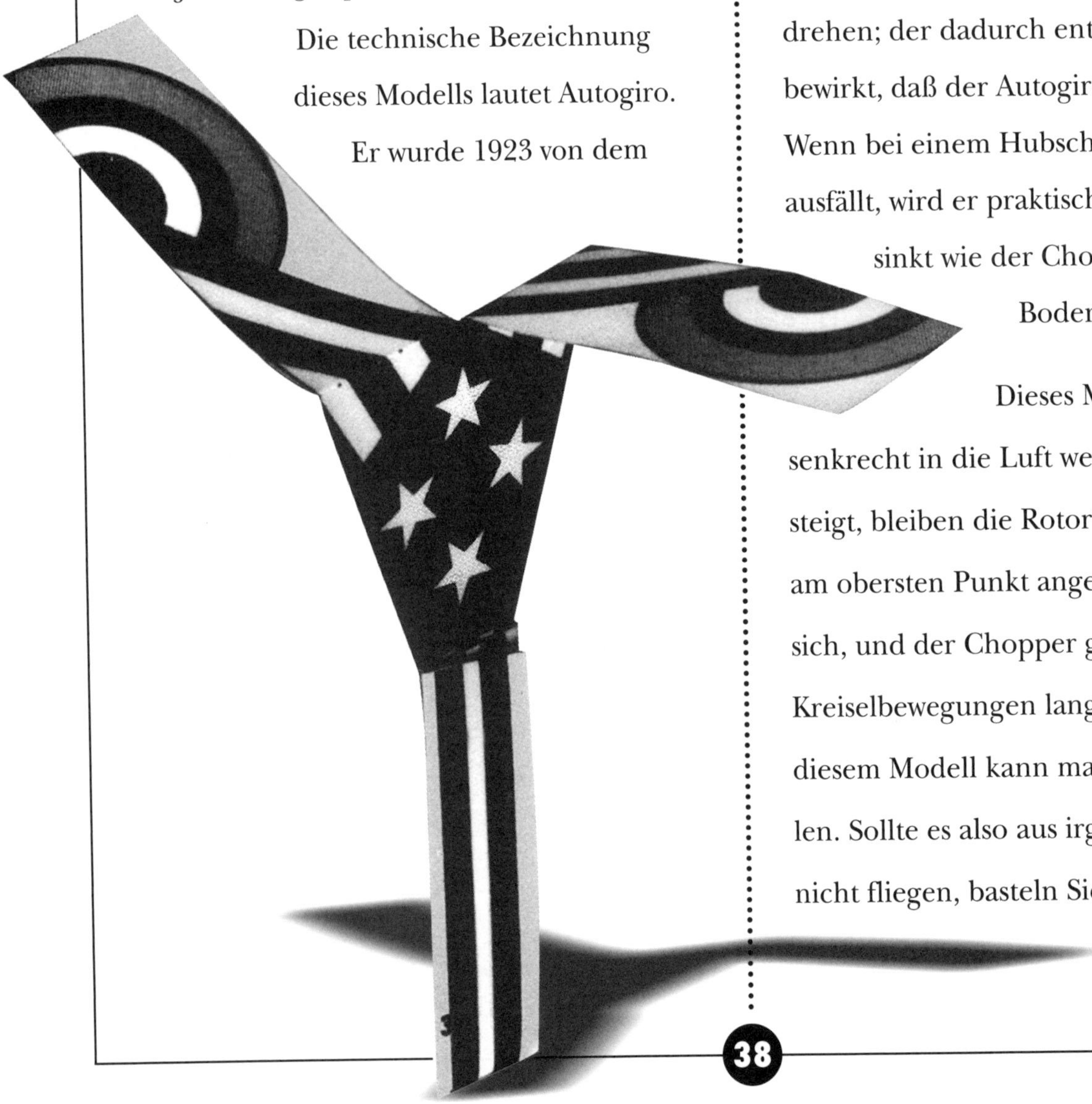

Dieses Modell müssen Sie senkrecht in die Luft werfen. Solange es steigt, bleiben die Rotorblätter geschlossen, am obersten Punkt angekommen, öffnen sie sich, und der Chopper geht mit schnellen Kreiselbewegungen langsam zu Boden. Bei diesem Modell kann man nicht viel einstellen. Sollte es also aus irgendeinem Grund nicht fliegen, basteln Sie einfach ein neues.

Hinweis: Entlang der fetten, durchgezogenen Linien schneiden, gestrichelte Linien liegen innen, gepunktete Linien außen.

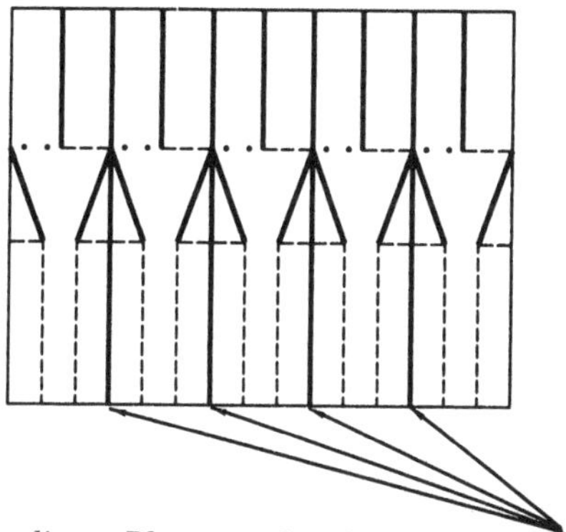

1. Aus diesem Blatt entstehen fünf Flieger. Schneiden Sie die einzelnen Modelle entlang der fetten, durchgezogenen Linien A, B, C und D auseinander (wie abgebildet).

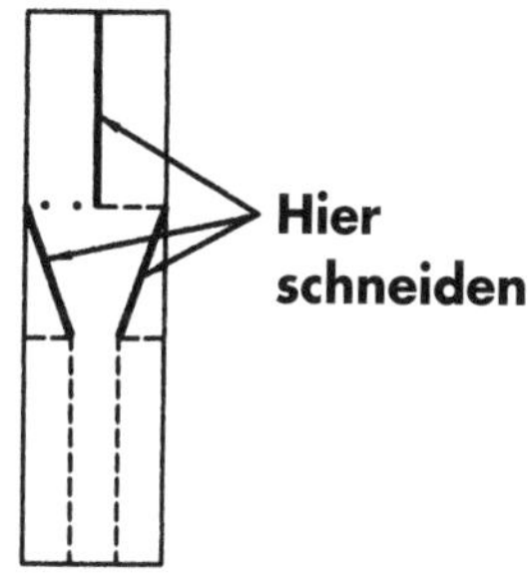

2. Schneiden Sie das Blatt nun entlang der oben abgebildeten Linien ein.

3. Knicken Sie entlang Linie 1 und 2 nach unten.

4. Falten Sie das Blatt nun entlang Linie 3 nach innen.

5. Verfahren Sie ebenso mit Linie 4.

6. Falten Sie nach oben auf Linie 5.

7. Kleben Sie das abstehende Ende (eventuell) mit Klebestreifen fest.

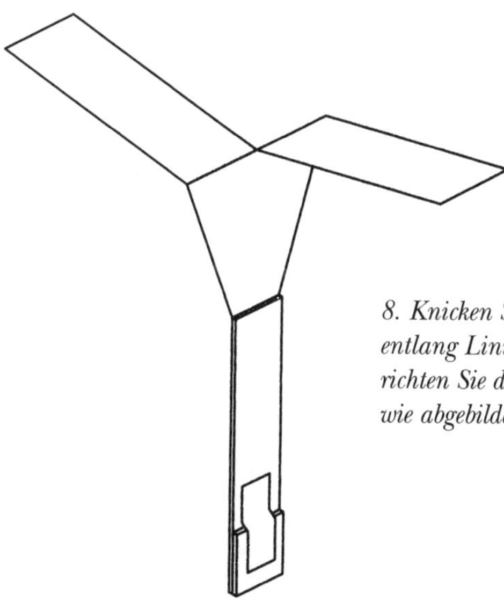

8. Knicken Sie das Blatt nun entlang Linie 6 und 7 um, und richten Sie die Rotorblätter aus wie abgebildet.

INTERCEPTOR

DER INTERCEPTOR IST EIN GUTES BEISPIEL dafür, wie man ein Basismodell – in diesem Fall das Modell Dart – verändern und damit herumexperimentieren kann. Der Bug des Interceptors ist etwas schwerer als die der meisten Darts, dadurch wird der Flieger stabiler. Dieses Modell eignet sich außerordentlich gut für Langstrecken- und Präzisionsflüge.

REGULIERUNG DES FLUGES

☞ **IHR FLIEGER STÜRZT AB:** Biegen Sie die Höhenruder leicht nach oben, *oder* werfen Sie den Flieger mit mehr Schwung.

☞ **IHR FLIEGER STEIGT, WIRD DANN LANGSAMER UND STÜRZT SCHLIESSLICH AB:** Biegen Sie die Höhenruder leicht nach unten, *oder* werfen Sie das Flugzeug etwas behutsamer.

☞ **IHR FLIEGER ZIEHT NACH RECHTS:** Biegen Sie das Seitenruder leicht nach links.

☞ **IHR FLIEGER ZIEHT NACH LINKS:** Biegen Sie das Seitenruder leicht nach rechts.

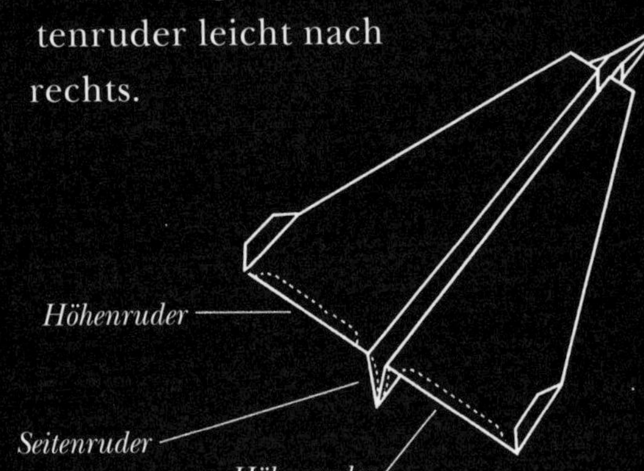

Hinweis: Gestrichelte Linien liegen innen, gepunktete Linien außen.

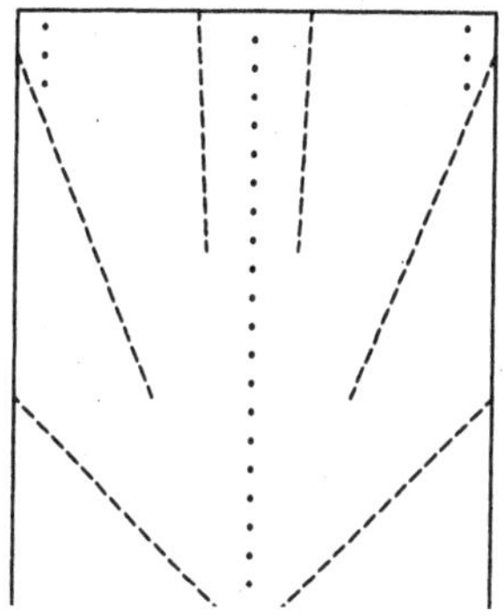

1. Falten Sie das Blatt entlang der Mittellinie (Linie 7) zusammen und wieder auseinander.

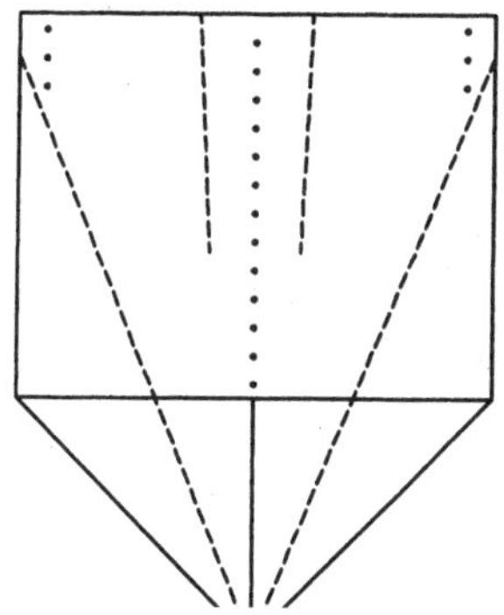

2. Falten Sie das Blatt entlang Linie 1 und 2 nach innen.

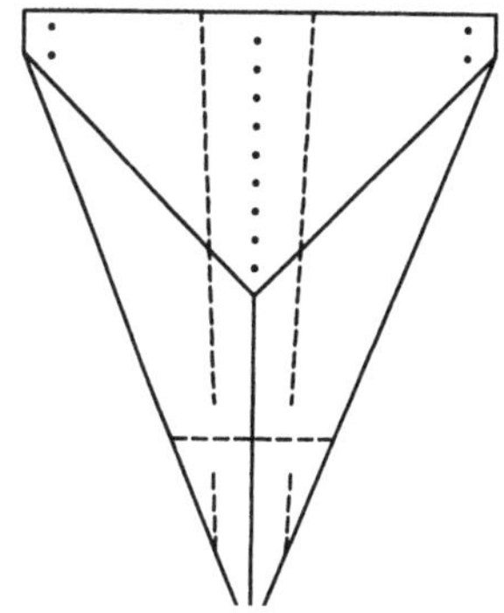

3. Falten Sie das Blatt entlang Linie 3 und 4 nach innen.

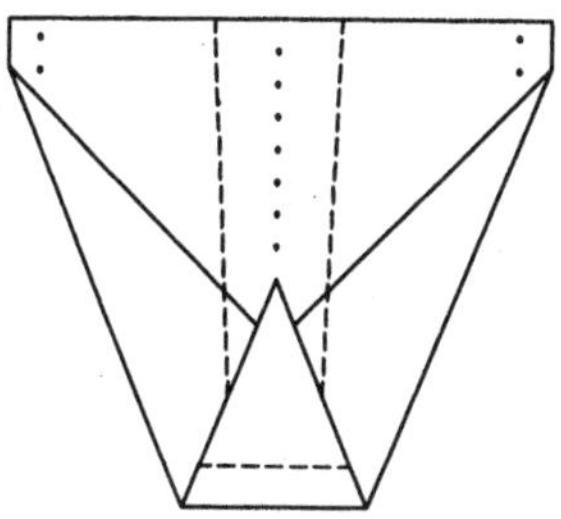

4. Knicken Sie die Nase entlang Linie 5 zuerst nach oben.

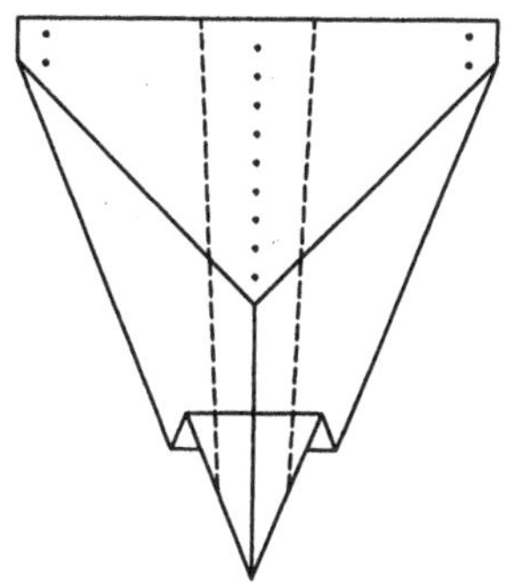

5. Danach knicken Sie die Nase entlang Linie 6 wieder nach unten.

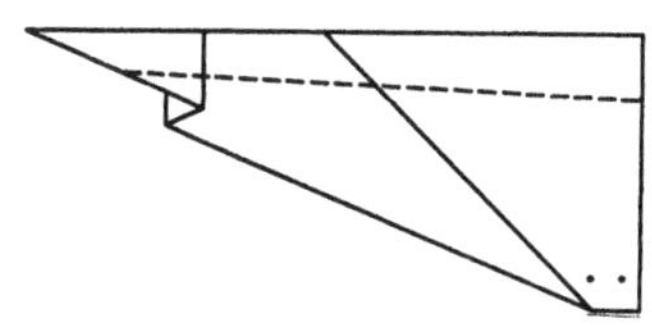

6. Drehen Sie den Flieger, und falten Sie ihn entlang der Mittellinie (Linie 7) wieder zusammen.

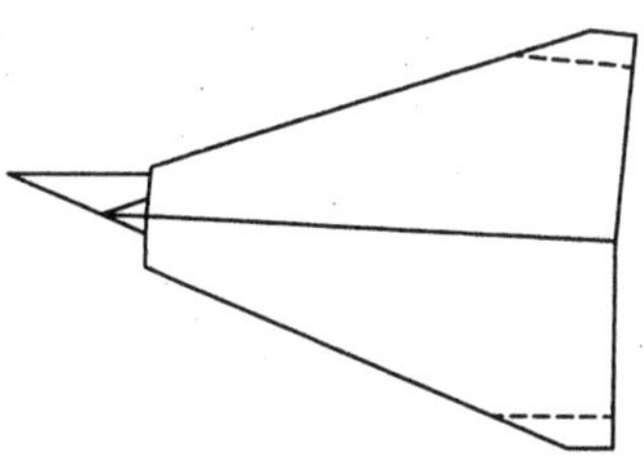

7. Falten Sie einen Flügel entlang Linie 8 nach oben.

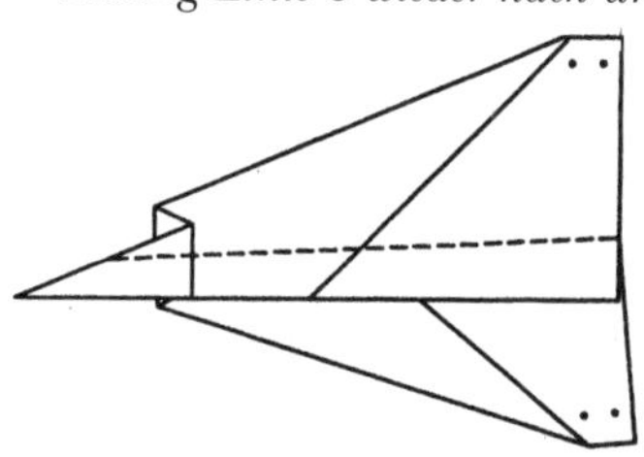

8. Drehen Sie den Flieger um.

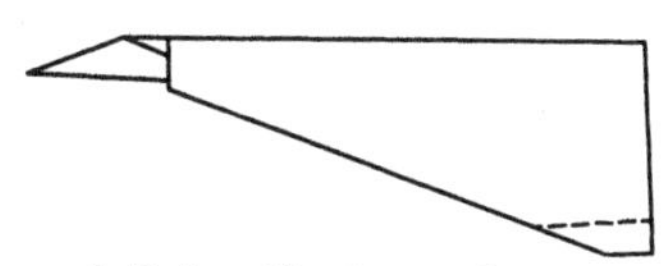

9. Falten Sie den anderen Flügel nun entlang Linie 9 nach unten.

10. Knicken Sie die Flügelspitzen entlang Linie 10 und 11 nach oben.

Für einen optimalen Flug biegen Sie die Höhenruder leicht nach oben.

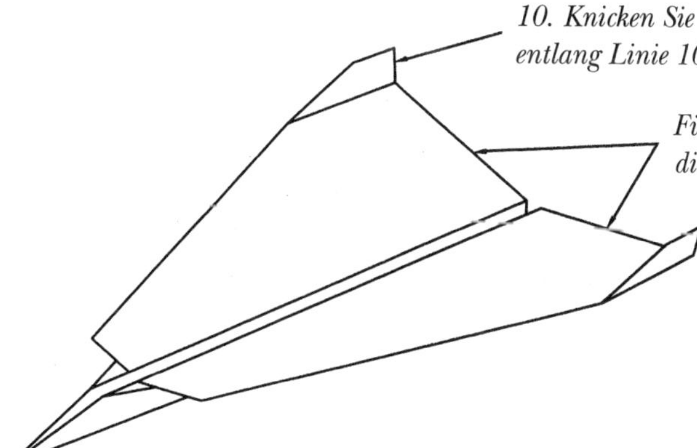

Prüfen Sie, ob sich die Flügelspitzen oberhalb des Flugzeugrumpfes befinden und mit diesem ein »Y« bilden.

HORNET

HIER HANDELT ES SICH um eine Kombination des Basic Square Plane und des normalen Dart. Der Bug dieses Fliegers ist zwar etwas schwerer, aber die großen Tragflächen machen ihn zu einem guten Segler. Experimentieren Sie mit diesem Modell, indem Sie die Länge des Bugs verändern. (Verlängern oder verkürzen Sie hierzu die Falzen der Linien 5 und 6.)

REGULIERUNG DES FLUGES

☞ **IHR FLIEGER STÜRZT AB:** Biegen Sie die Höhenruder leicht nach oben, *oder* werfen Sie den Flieger mit mehr Schwung.

☞ **IHR FLIEGER STEIGT, WIRD DANN LANGSAMER UND STÜRZT SCHLIESSLICH AB:** Biegen Sie die Höhenruder leicht nach unten, *oder* werfen Sie das Flugzeug etwas behutsamer.

☞ **IHR FLIEGER ZIEHT NACH RECHTS:** Biegen Sie das Seitenruder leicht nach links.

☞ **IHR FLIEGER ZIEHT NACH LINKS:** Biegen Sie das Seitenruder leicht nach rechts.

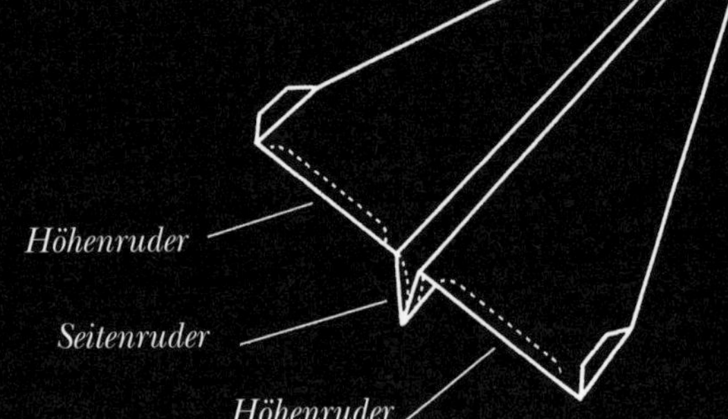

Hinweis: Gestrichelte Linien liegen innen, gepunktete Linien außen.

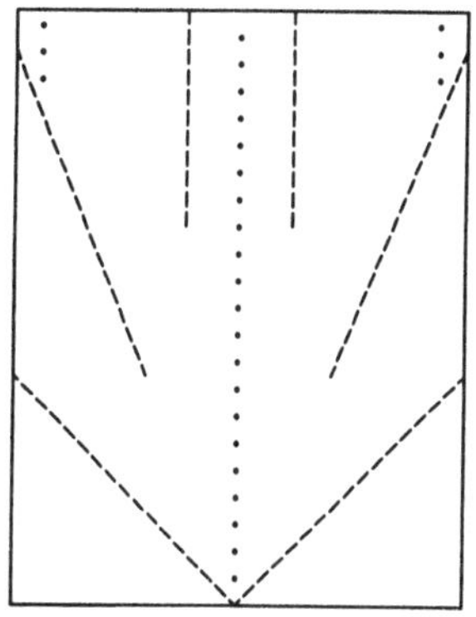

1. Falten Sie das Blatt entlang der Mittellinie (Linie 7) zusammen und wieder auseinander.

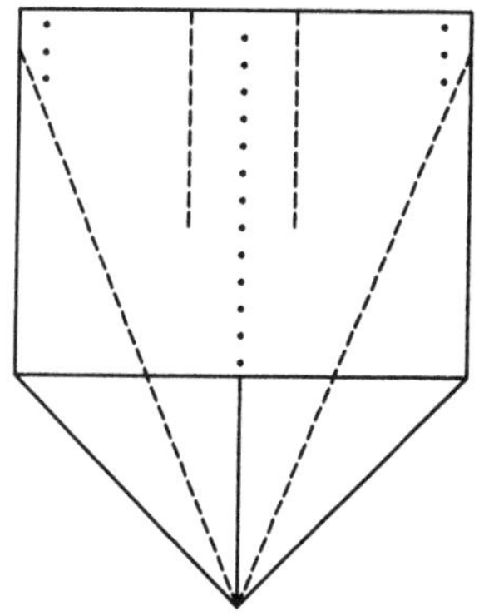

2. Falten Sie das Blatt entlang Linie 1 und 2 nach hinten.

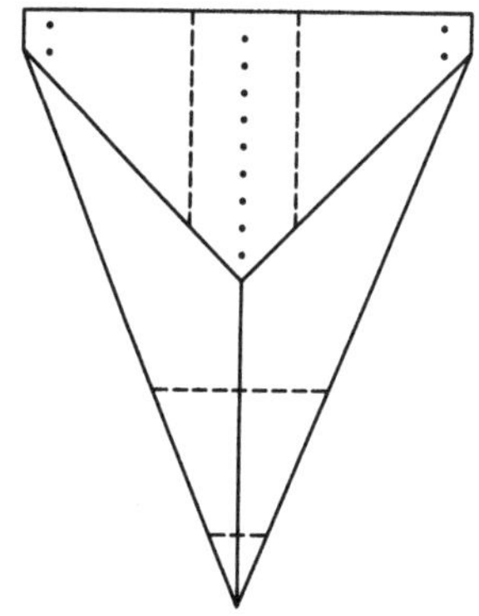

3. Falten Sie das Blatt nun entlang Linie 3 und 4 nach innen.

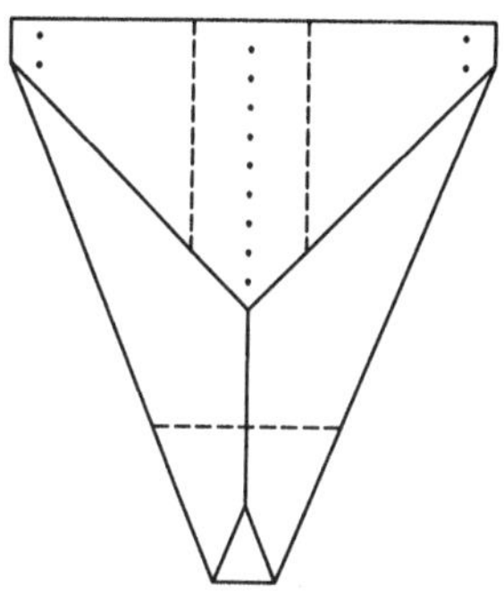

4. Knicken Sie die Nase entlang Linie 5 nach oben.

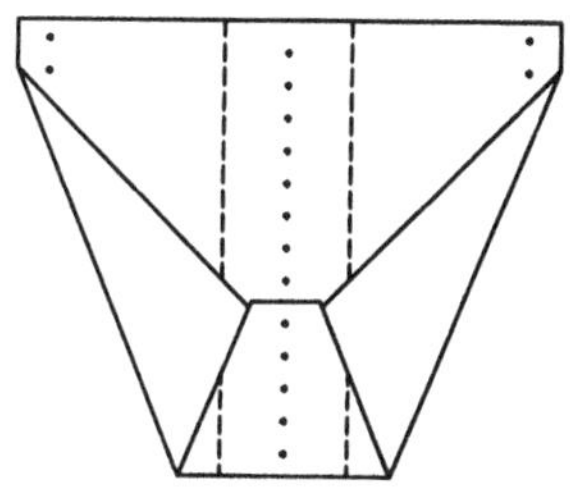

5. Knicken Sie die Nase noch einmal entlang Linie 6 nach oben, und schieben Sie sie unter die Tragflächenklappen.

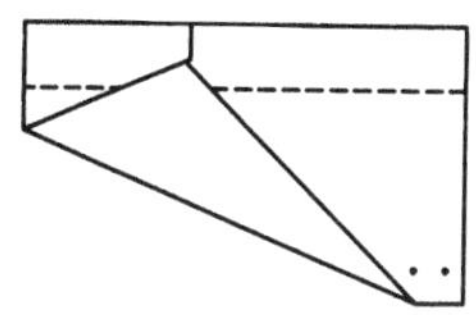

6. Drehen Sie den Flieger, und falten Sie ihn wieder entlang der Mittellinie (Linie 7) zusammen.

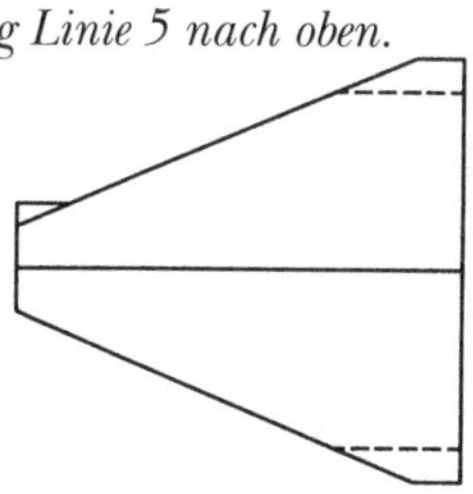

7. Falten Sie einen Flügel entlang Linie 8 nach oben.

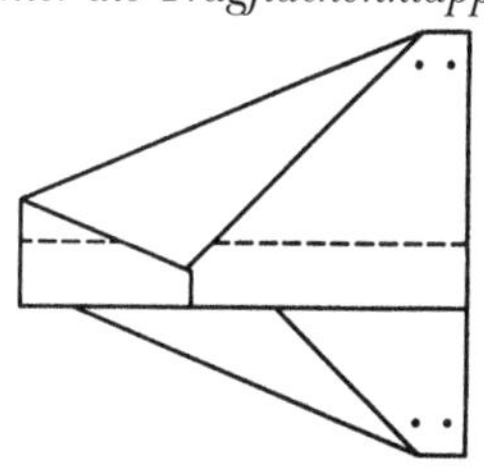

8. Drehen Sie den Flieger um.

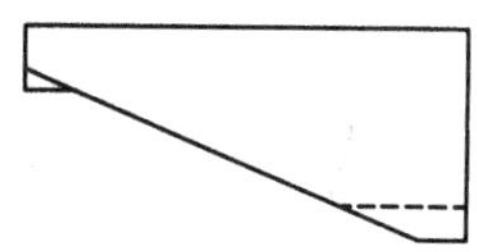

9. Falten Sie nun den anderen Flügel entlang Linie 9 nach unten.

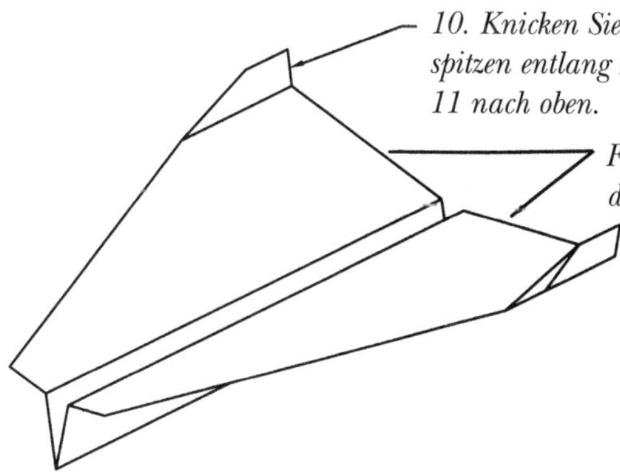

10. Knicken Sie die Flügelspitzen entlang Linie 10 und 11 nach oben.

Für einen optimalen Flug biegen Sie die Höhenruder leicht nach oben.

Prüfen Sie, ob sich die Flügelspitzen oberhalb des Flugzeugrumpfes befinden und mit diesem ein »Y« bilden.

VORTEX

DIESER FLIEGER SIEHT SO EINFACH AUS, daß man kaum glauben mag, daß er auch fliegt. Doch Sie werden überrascht sein. Anfangs tut man sich mit dem Werfen vielleicht etwas schwer. Wenn Sie die Technik jedoch erst einmal beherrschen, werden Sie mit diesem Flieger viel Spaß haben. Zum Start umschließen Sie das vordere (schwere) Ende vorsichtig mit der Hand und werfen den Flieger dann kräftig nach vorne. Lassen Sie ihn dabei richtig von den Fingern abrollen, so daß er Drall bekommt. Ein guter Drall ist Voraussetzung für einen guten Flug.

Ist dieses Modell einmal fertig, gibt es nur noch wenige Möglichkeiten, es zu justieren. Wenn Ihr Vortex nicht fliegen will, dies aber nicht an Ihrer Wurftechnik liegt, überprüfen Sie, ob das Modell auch wirklich rund und nicht etwa verbogen ist. Sie können auch versuchen, einen Klebestreifen um das vordere Ende der Röhre zu kleben. Dadurch wird es schwerer und stabiler. Fliegt das Modell danach immer noch nicht, wird es Zeit, ein neues zu falten.

Hinweis: Entlang der fetten, durchgezogenen Linien schneiden, gestrichelte Linien liegen innen, gepunktete Linien außen.

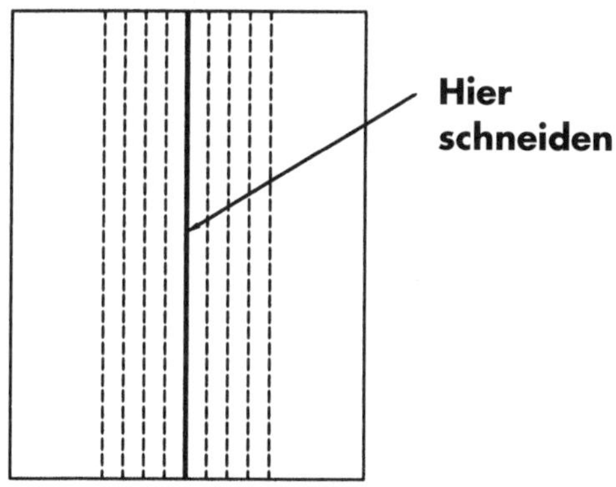

1. Aus diesem Blatt entstehen zwei Flugobjekte. Schneiden Sie das Blatt wie abgebildet entlang der fetten, durchgezogenen Linie auseinander.

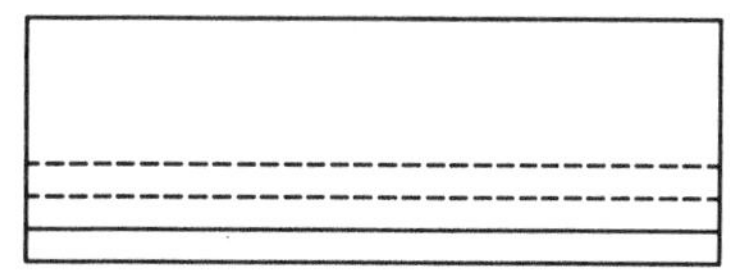

2. Falten Sie entlang Linie 1, so daß die Kante auf Linie 2 stößt.

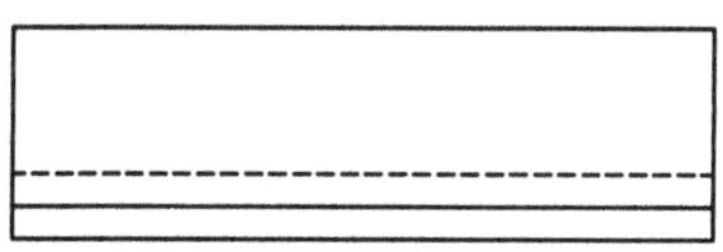

3. Falten Sie entlang Linie 2, so daß der Falz auf Linie 3 stößt, und verfahren Sie mit Linie 3 genauso.

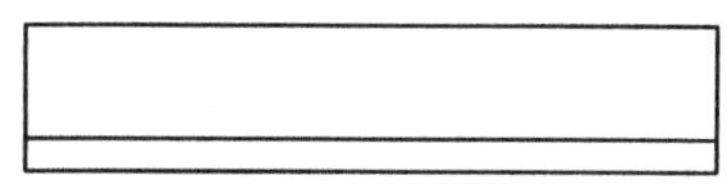

4. Falten Sie das Blatt noch einmal entlang Linie 4.

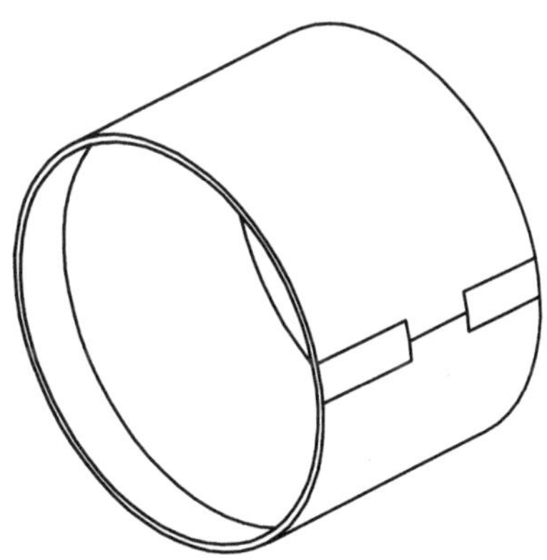

5. Rollen Sie das Papier nun zu einer Röhre zusammen; die zusammengefaltete Seite sollte dabei immer innen liegen.
(Tip: Überprüfen Sie mit den Fingern, ob die Röhre gleichmäßig und rund ist.)
Stecken Sie die gefalteten Ecken ineinander, um dem ganzen Flugobjekt Stabilität zu verleihen, und kleben Sie es mit Klebestreifen zusammen.

SHUTTLE

HIERBEI HANDELT ES SICH um den einfachen Nachbau eines NASA Space Shuttle. Dieses Modell eignet sich für Flüge, bei denen es auf Zielgenauigkeit ankommt. Im Gegensatz zum Original ist es jedoch nicht für Langstreckenflüge geeignet. Der Flieger ist sehr neigungsstabil und benötigt ein großes Höhenruder. Sind Sie im Werfen des Shuttle erst einmal geübt, versuchen Sie, durch Veränderungen an Flügeln, Heck oder Rumpf Ihr eigenes Modell zu kreieren.

REGULIERUNG DES FLUGES

☞ **IHR FLIEGER STÜRZT AB:** Biegen Sie die Höhenruder leicht nach oben, *oder* werfen Sie den Flieger mit mehr Schwung.

☞ **IHR FLIEGER STEIGT, WIRD DANN LANGSAMER UND STÜRZT SCHLIESSLICH AB:** Biegen Sie die Höhenruder leicht nach unten, **oder** werfen Sie das Flugzeug etwas behutsamer.

☞ **IHR FLIEGER ZIEHT NACH RECHTS:** Biegen Sie das Seitenruder leicht nach links.

☞ **IHR FLIEGER ZIEHT NACH LINKS:** Biegen Sie das Seitenruder leicht nach rechts.

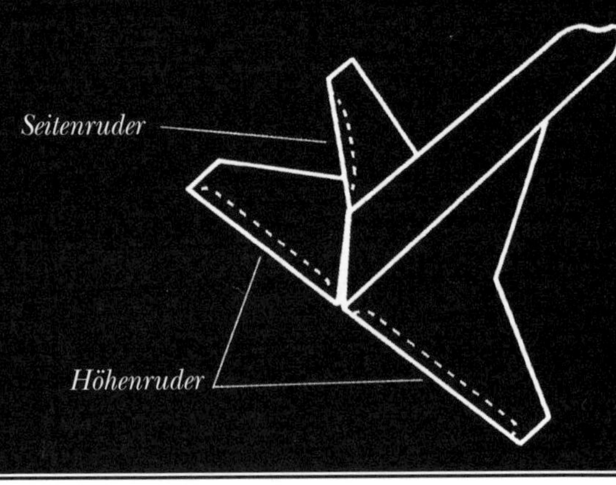

Hinweis: Entlang der fetten, durchgezogenen Linien schneiden, gestrichelte Linien liegen innen, gepunktete Linien außen.

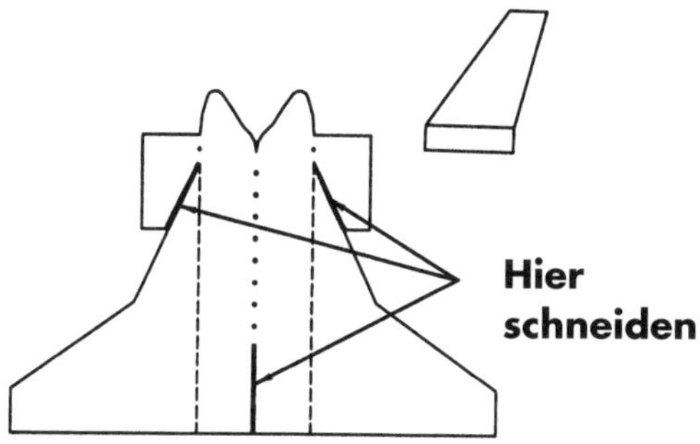

1. Schneiden Sie den ganzen Rumpf einschließlich des Hecks entlang der fetten, durchgezogenen Linien aus.

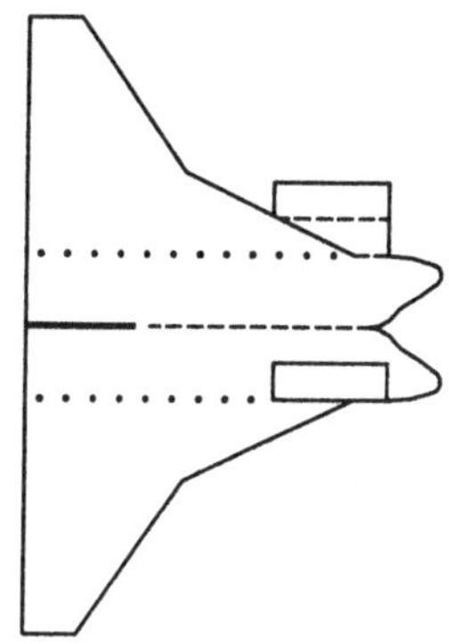

2. Falten Sie das Blatt entlang Linie 1 und 2.

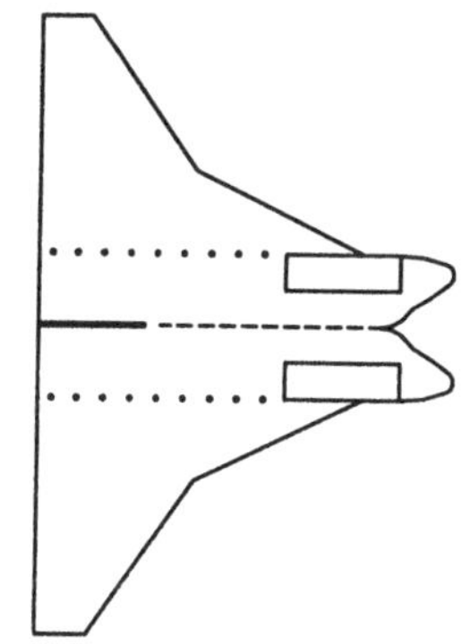

3. Verfahren Sie genauso mit Linie 3 und 4.

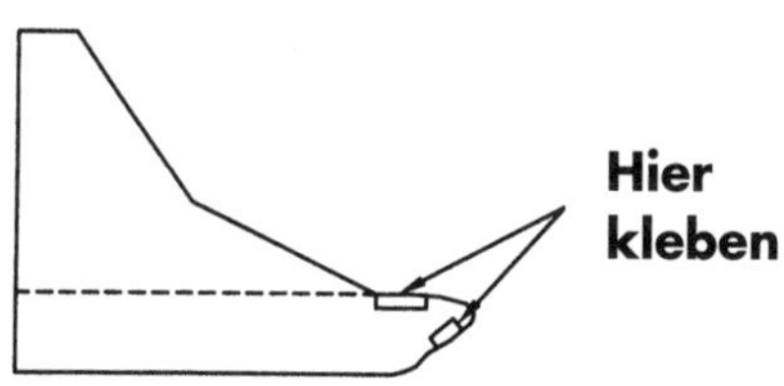

4. Falten Sie den Flieger nun entlang der Mittellinie (Linie 5) zusammen, und kleben Sie ihn wie abgebildet zusammen.

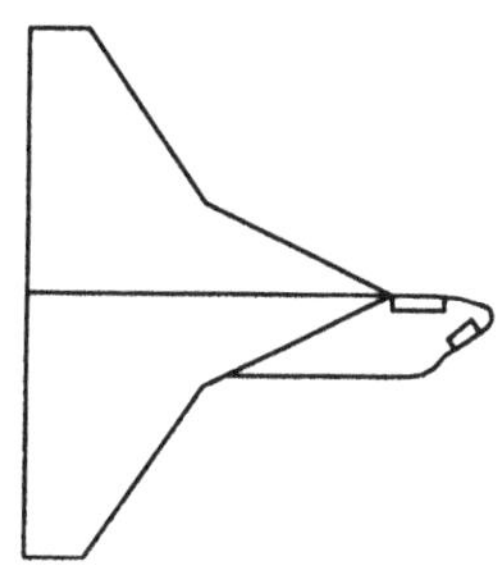

5. Falten Sie einen Flügel entlang Linie 6 nach unten.

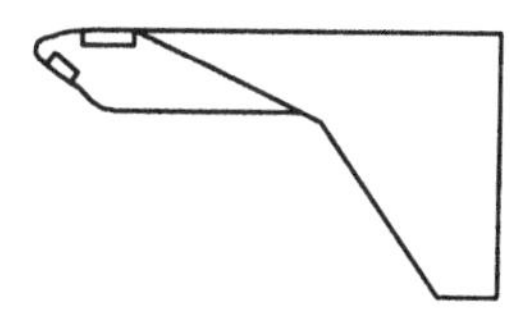

6. Drehen Sie den Flieger, und falten Sie den anderen Flügel entlang Linie 7 nach unten.

7. Schieben Sie das Heck in den dafür vorgesehenen Einschnitt, und befestigen Sie es an beiden Seiten mit Klebestreifen.

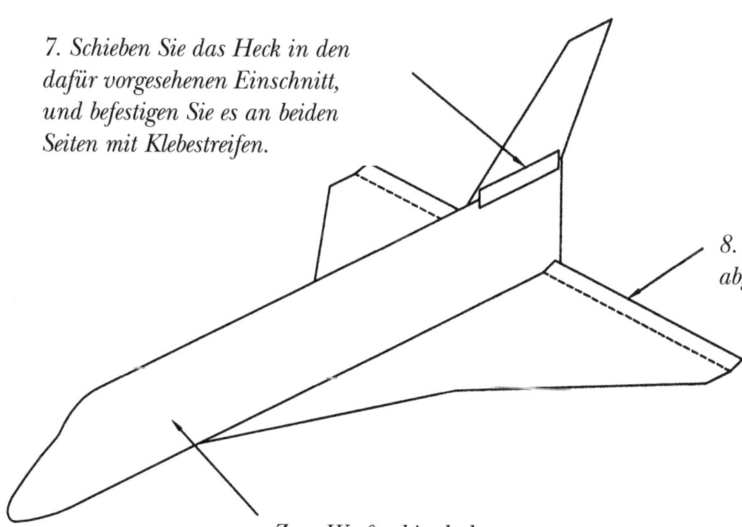

8. Knicken Sie das Höhenruder wie abgebildet nach oben.

Zum Werfen hier halten.

HAMMERHEAD

DAS MODELL HAMMERHEAD hat kleine Flügel, die sich am vorderen Ende des Fliegers befinden und auch als »Enten« bezeichnet werden. Wichtig ist, daß sie eben und nicht verbogen sind. Sie reagieren auf kleinste Veränderungen, und es braucht schon etwas Übung, damit dieses Modell gut fliegt. Für gerade Strecken ist es bestens geeignet.

REGULIERUNG DES FLUGES

☞ **IHR FLIEGER STÜRZT AB:** Biegen Sie die Höhenruder leicht nach oben, *oder* werfen Sie den Flieger mit mehr Schwung.

☞ **IHR FLIEGER STEIGT, WIRD DANN LANGSAMER UND STÜRZT SCHLIESSLICH AB:** Biegen Sie die Höhenruder leicht nach unten, *oder* werfen Sie das Flugzeug etwas behutsamer.

☞ **IHR FLIEGER ZIEHT NACH RECHTS:** Biegen Sie das Seitenruder leicht nach links.

☞ **IHR FLIEGER ZIEHT NACH LINKS:** Biegen Sie das Seitenruder leicht nach rechts.

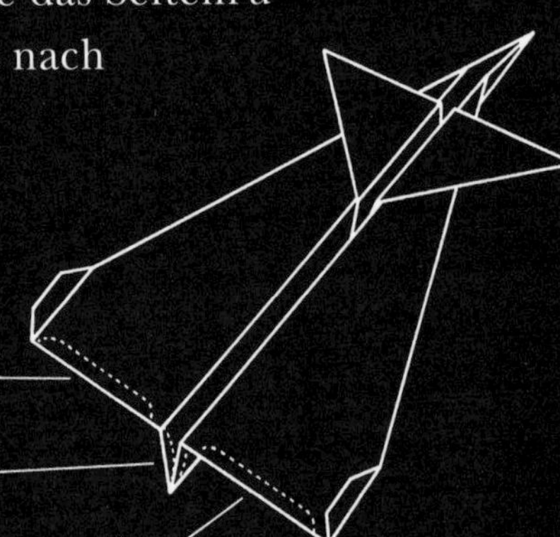

Hinweis: Entlang der fetten, durchgezogenen Linien schneiden, gestrichelte Linien liegen innen, gepunktete Linien außen.

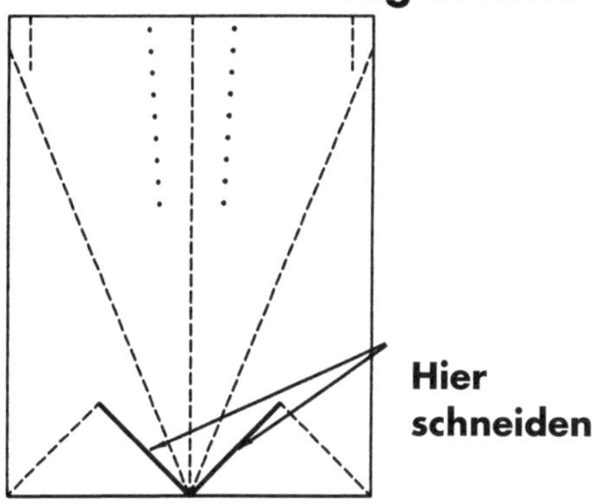

1. Schneiden Sie das Blatt wie abgebildet entlang der fetten, durchgezogenen Linien ein.

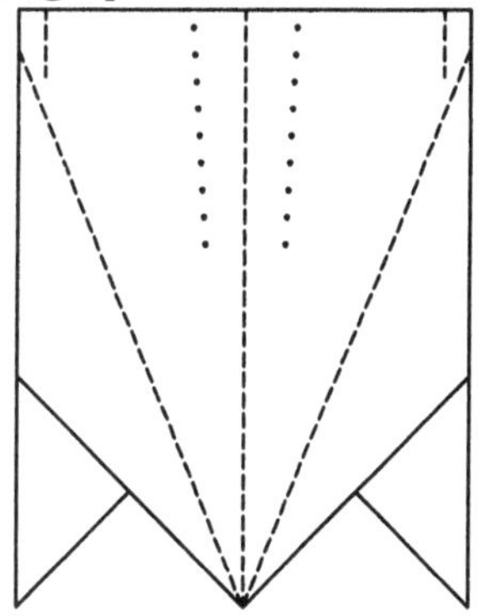

2. Falten Sie das Blatt nun entlang Linie 1 und 2.

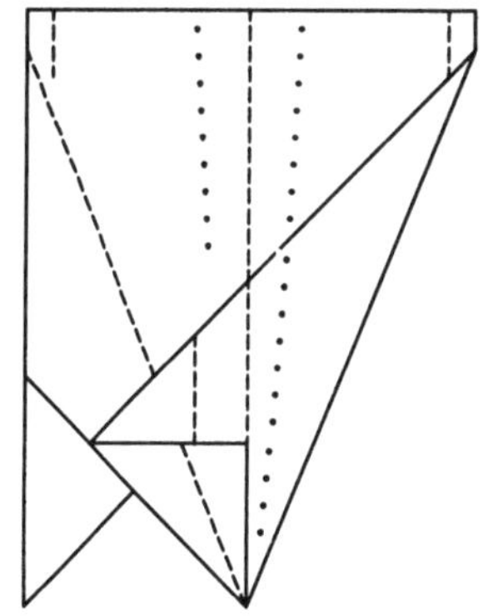

3. Falten Sie einen Flügel entlang Linie 3 nach innen.

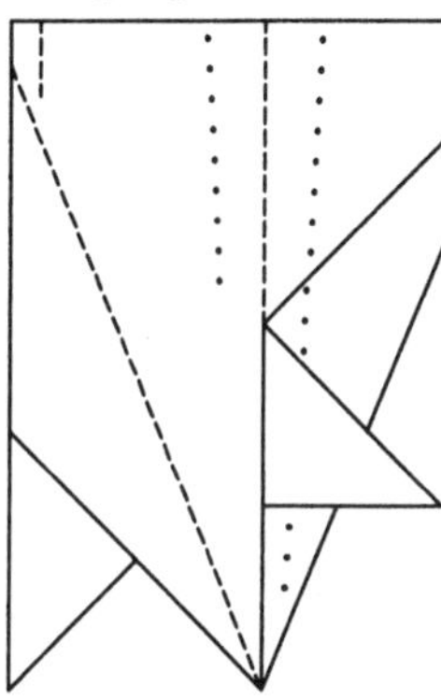

4. Falten Sie das Blatt nun entlang Linie 4 nach innen.

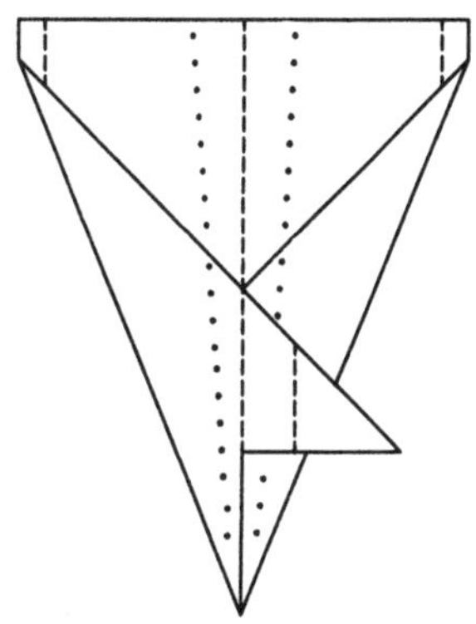

5. Falten Sie nun den anderen Flügel entlang Linie 5 nach innen.

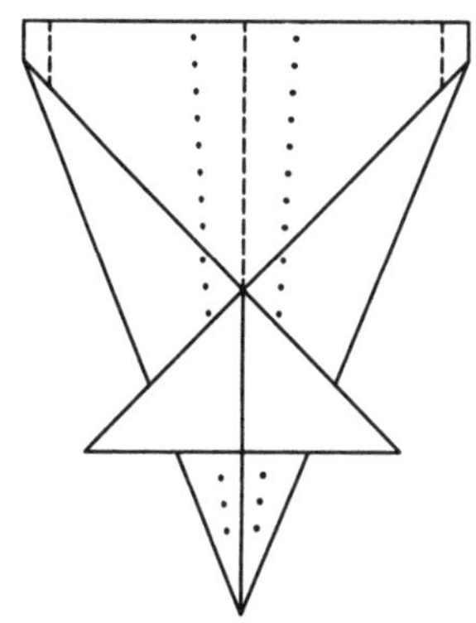

6. Falten Sie das Blatt entlang Linie 6 nach hinten.

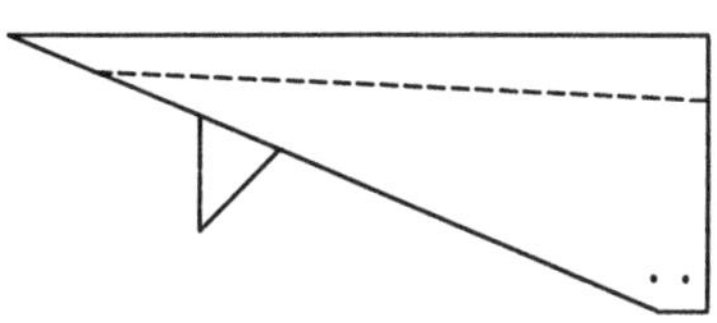

7. Falten Sie den Flieger entlang der Mittellinie (Linie 7) zusammen.

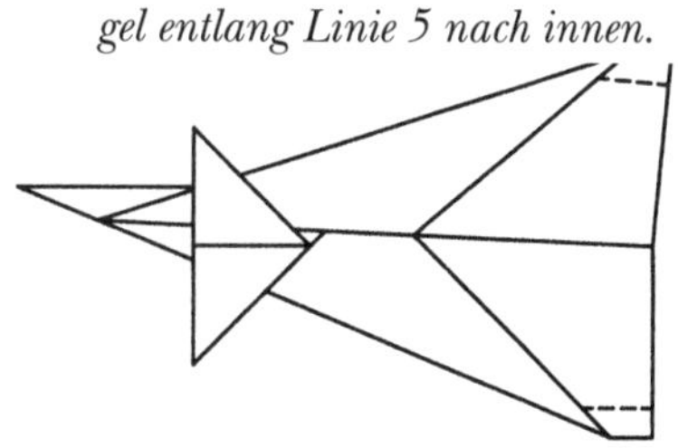

8. Falten Sie einen Flügel entlang Linie 8 und eine »Ente« entlang Linie 9 nach oben.

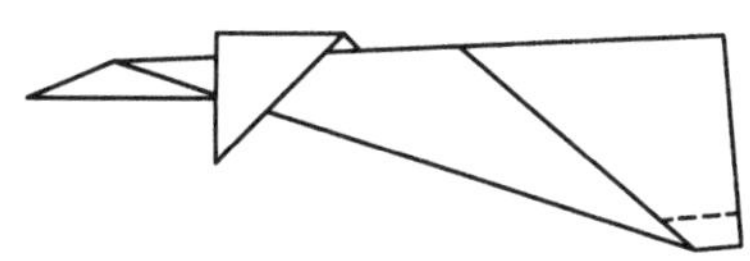

9. Drehen Sie den Flieger um, und falten Sie den anderen Flügel sowie die andere »Ente« entlang Linie 10 und 11 nach unten.

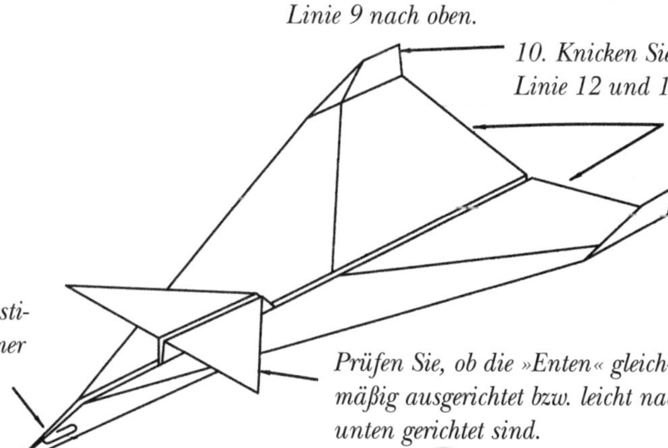

10. Knicken Sie die Flügelspitzen entlang Linie 12 und 13 nach oben.

Für einen optimalen Flug biegen Sie die Höhenruder leicht nach oben.

Für mehr Stabilität befestigen Sie eine Büroklammer an der Spitze des Bugs.

Prüfen Sie, ob die »Enten« gleichmäßig ausgerichtet bzw. leicht nach unten gerichtet sind.

Prüfen Sie, ob sich die Flügelspitzen oberhalb des Flugzeugrumpfes befinden und mit diesem ein »Y« bilden.

WORLD RECORD PAPER AIRPLANE

Seit 1983 hält dieses Modell den Flugzeit-Weltrekord. Sein längster offiziell notierter Flug fand am 17. Februar 1994 zu ebener Erde in einer Halle statt und dauerte 18,80 Sekunden. Im Freien kann dieser Flieger sehr lange Strecken zurücklegen. Außerdem eignet er sich gut für Kunstflüge.

REGULIERUNG DES FLUGES

☞ **Ihr Flieger stürzt ab:** Biegen Sie die Höhenruder leicht nach oben, *oder* werfen Sie den Flieger mit mehr Schwung.

☞ **Ihr Flieger steigt, wird dann langsamer und stürzt schliesslich ab:** Biegen Sie die Höhenruder leicht nach unten, *oder* werfen Sie das Flugzeug etwas behutsamer.

☞ **Ihr Flieger zieht nach rechts:** Biegen Sie das Seitenruder leicht nach links.

☞ **Ihr Flieger zieht nach links:** Biegen Sie das Seitenruder leicht nach rechts.

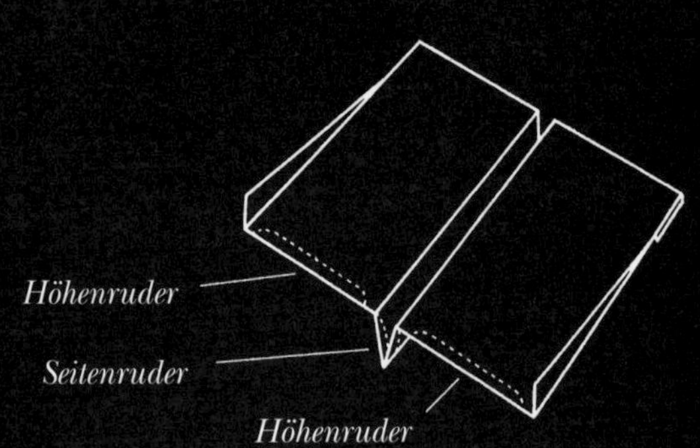

Hinweis: Gestrichelte Linien liegen innen, gepunktete Linien außen.

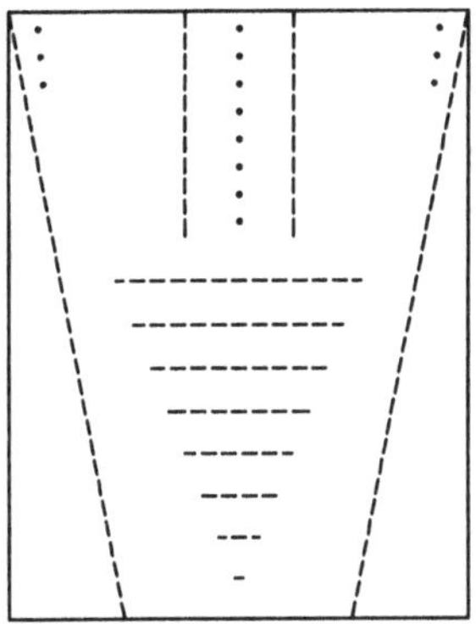

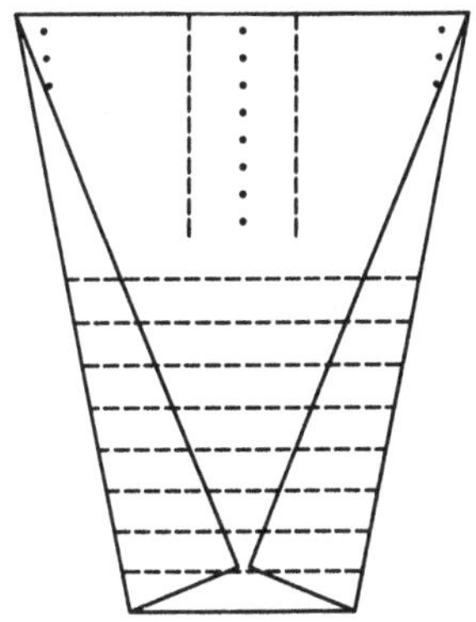

1. Falten Sie das Blatt entlang Linie 1 und 2 nach innen.

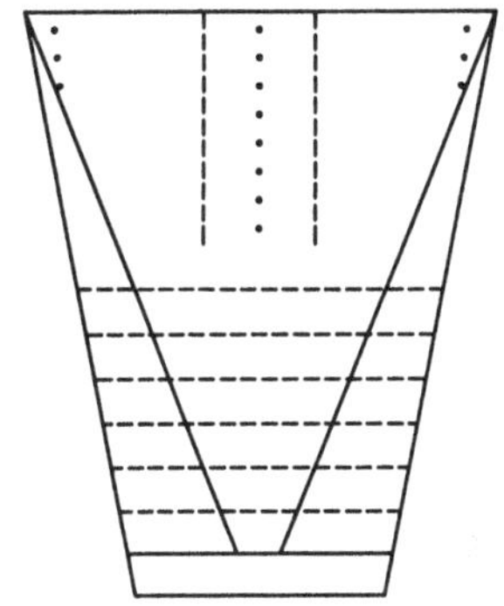

2. Falten Sie das Blatt nun entlang Linie 3 und 4 nach vorne.

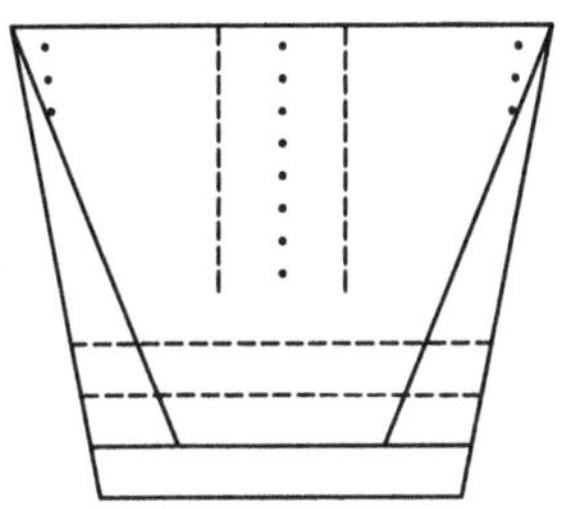

3. Verfahren Sie genauso mit Linie 4 bis 7.

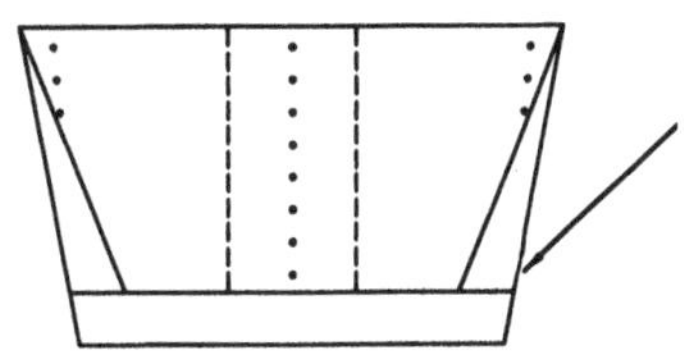

4. Falten Sie das Blatt entlang Linie 8, 9 und 10.

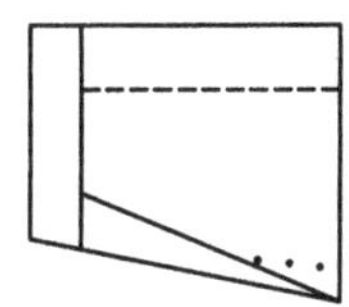

5. Drehen Sie den Flieger, und falten Sie ihn entlang der Mittellinie (Linie 11) zusammen.

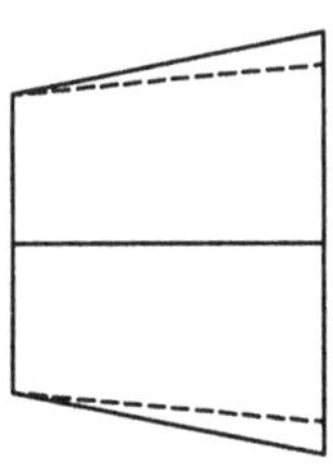

6. Falten Sie nun einen Flügel entlang Linie 12 nach oben.

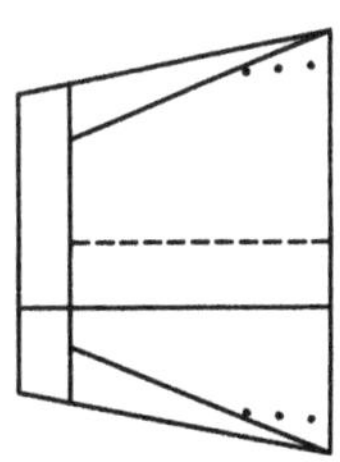

7. Drehen Sie den Flieger um.

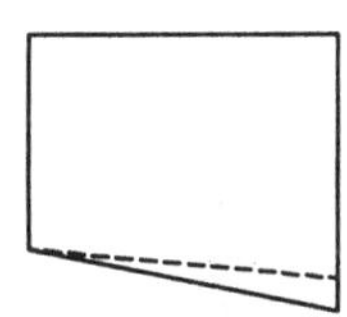

8. Falten Sie den anderen Flügel entlang Linie 13 nach oben.

9. Knicken Sie die Flügelspitzen entlang Linie 14 und 15 nach oben.

Für einen optimalen Flug biegen Sie die Höhenruder leicht nach oben.

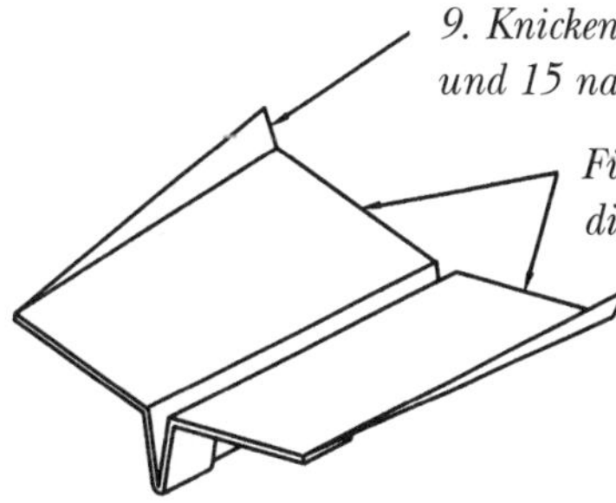

Prüfen Sie, ob sich die Flügelspitzen oberhalb des Flugzeugrumpfes befinden und mit diesem ein »Y« bilden.

PHANTOM

BEIM MODELL PHANTOM werden zwei Flügel mit sehr unterschiedlichen Pfeilungswinkeln zu einer einzigen Tragfläche mit »geknickter« Vorderkante kombiniert. Dieses Design wurde beim Saab Draken angewendet und wird wegen seines geringen Stirnwiderstandes künftig wahrscheinlich auch bei Überschall-Frachtflugzeugen eingesetzt. Für einen guten Flug benötigt das Modell Phantom ein Höhenruder. Es eignet sich bestens für Langstrecken- und Präzisionsflüge.

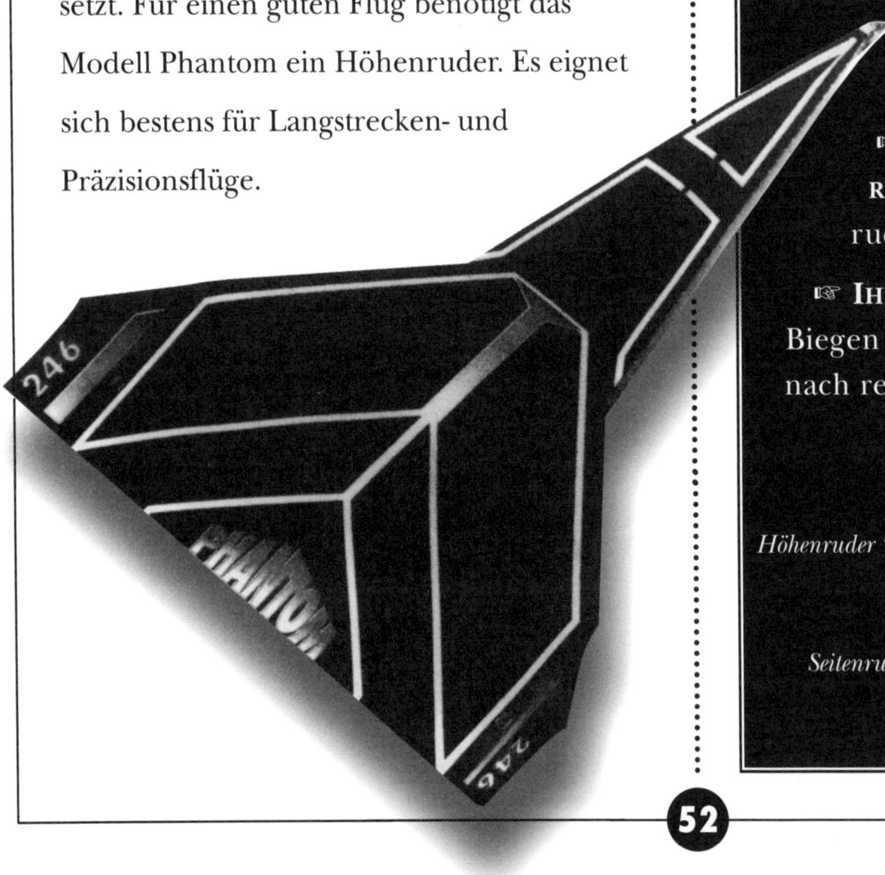

REGULIERUNG DES FLUGES

☞ **IHR FLIEGER STÜRZT AB:** Biegen Sie die Höhenruder leicht nach oben, *oder* werfen Sie den Flieger mit mehr Schwung.

☞ **IHR FLIEGER STEIGT, WIRD DANN LANGSAMER UND STÜRZT SCHLIESSLICH AB:** Biegen Sie die Höhenruder leicht nach unten, *oder* werfen Sie das Flugzeug etwas behutsamer.

☞ **IHR FLIEGER ZIEHT NACH RECHTS:** Biegen Sie das Seitenruder leicht nach links.

☞ **IHR FLIEGER ZIEHT NACH LINKS:** Biegen Sie das Seitenruder leicht nach rechts.

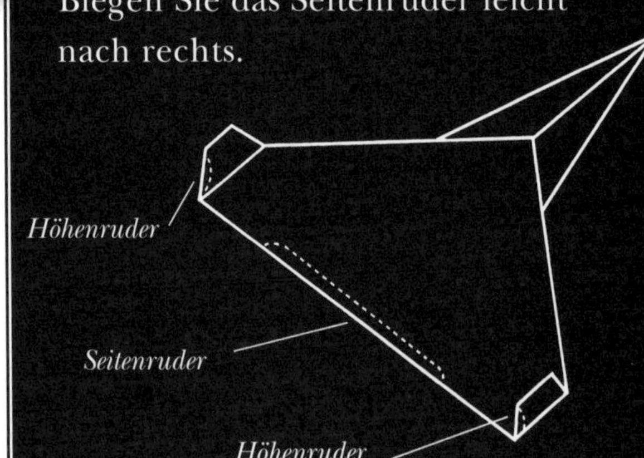

Hinweis: Entlang der fetten, durchgezogenen Linien schneiden, gestrichelte Linien liegen innen, gepunktete Linien außen.

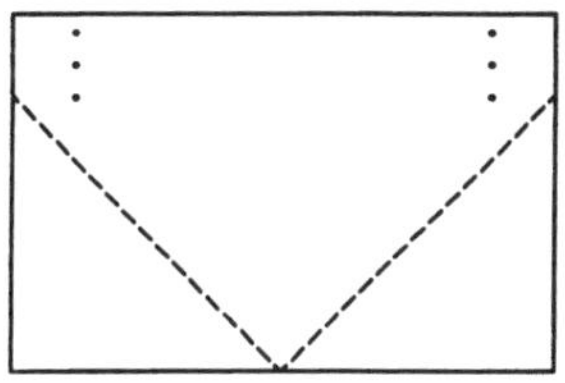

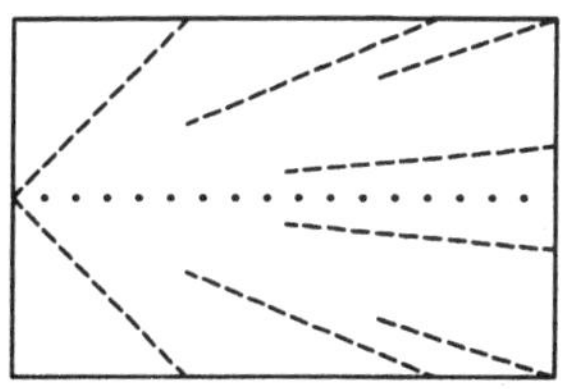

1. Schneiden Sie das Papier wie abgebildet entlang der fetten, durchgezogenen Linien auseinander.

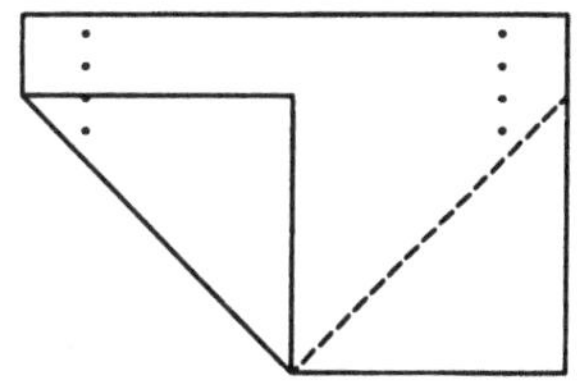

2. Falten Sie einen Flügel entlang Linie 1 nach innen.

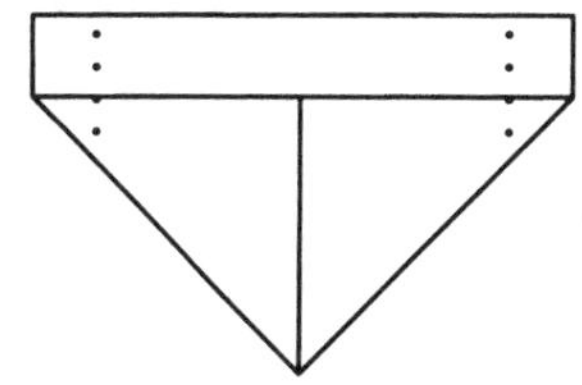

3. Verfahren Sie mit Linie 2 genauso.

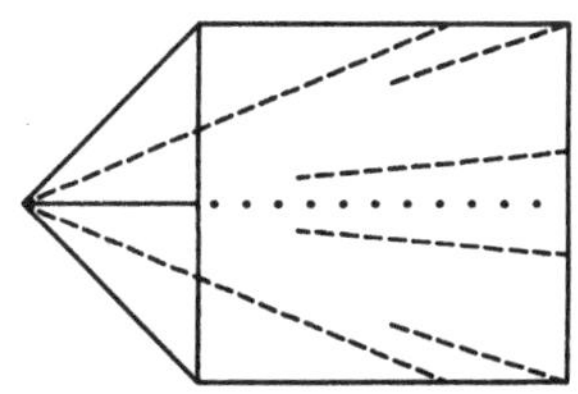

4. Falten Sie einen Pfeil, indem Sie entlang Linie 3 und 4 nach innen umknicken.

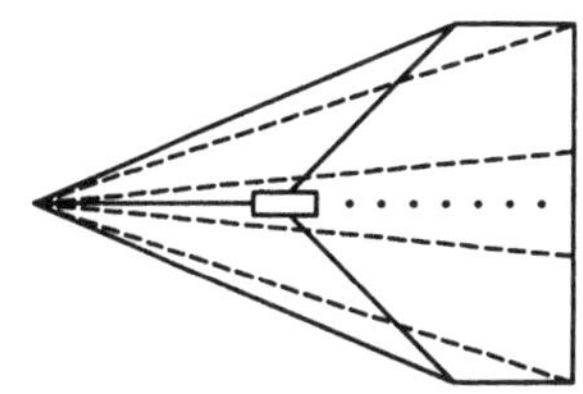

5. Falten Sie nun entlang Linie 5 und 6, und befestigen Sie das Ganze wie abgebildet mit einem Klebestreifen.

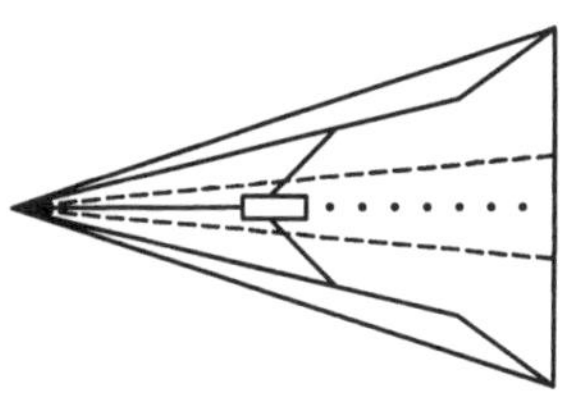

6. Falten Sie das Papier entlang Linie 7 und 8.

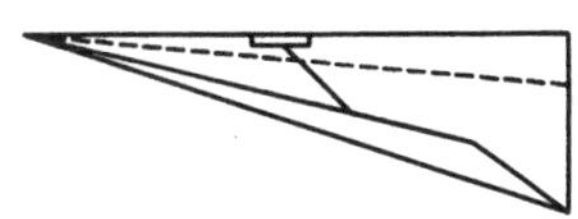

7. Drehen Sie den Flieger, und falten Sie ihn entlang der Mittellinie (Linie 9) zusammen.

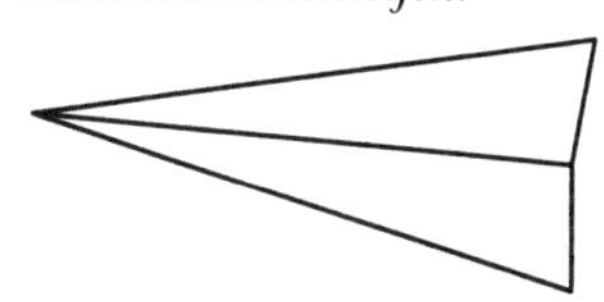

8. Drehen Sie den Flieger um, und falten Sie das Papier entlang Linie 10 nach unten.

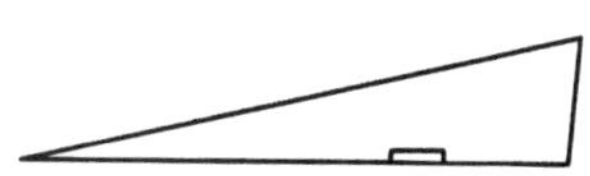

9. Falten Sie das Papier entlang Linie 11 nach oben, und befestigen Sie einen Klebestreifen an der Oberseite des Pfeils, damit dieser geschlossen bleibt.

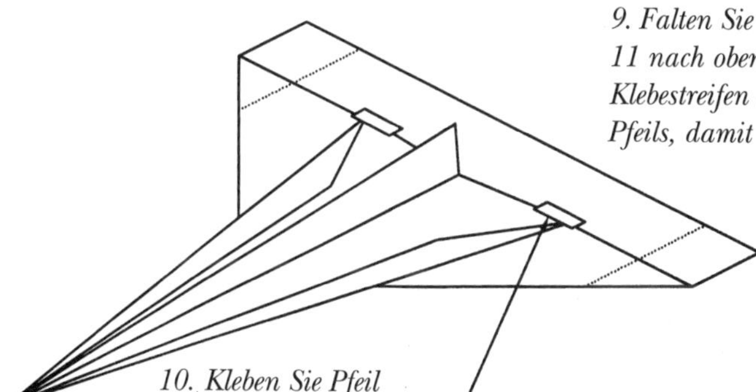

10. Kleben Sie Pfeil und Flügel wie abgebildet zusammen.

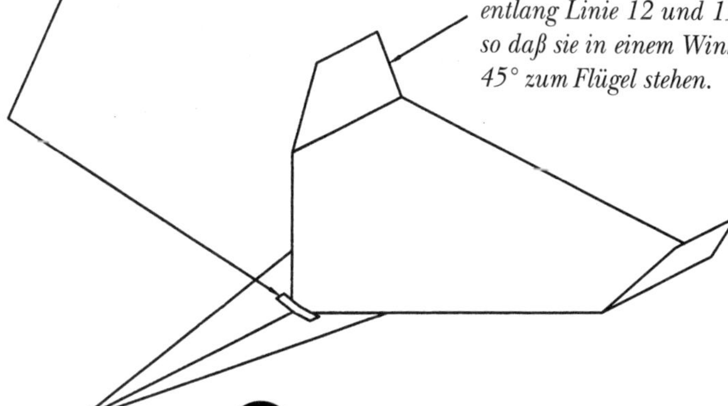

11. Knicken Sie die Flügelspitzen entlang Linie 12 und 13 nach oben, so daß sie in einem Winkel von ca. 45° zum Flügel stehen.

VALKYRIE

BEI DIESEM FLIEGER überlappen sich die beiden pfeilförmigen Tragflächen. Das Modell wurde nach der XB-70 Valkyrie benannt, einem 3000 km/h schnellen Testbomber aus den 60er Jahren. Der Deltaflügel des Papierfliegers ist dem seines Namensvetters sehr ähnlich. Das Modell eignet sich gut für Langstrecken- und Präzisionsflüge.

REGULIERUNG DES FLUGES

☞ **IHR FLIEGER STÜRZT AB:** Biegen Sie die Höhenruder leicht nach oben, *oder* werfen Sie den Flieger mit mehr Schwung.

☞ **IHR FLIEGER STEIGT, WIRD DANN LANGSAMER UND STÜRZT SCHLIESSLICH AB:** Biegen Sie die Höhenruder leicht nach unten, *oder* werfen Sie das Flugzeug etwas behutsamer.

☞ **IHR FLIEGER ZIEHT NACH RECHTS:** Biegen Sie das Seitenruder leicht nach links.

☞ **IHR FLIEGER ZIEHT NACH LINKS:** Biegen Sie das Seitenruder leicht nach rechts.

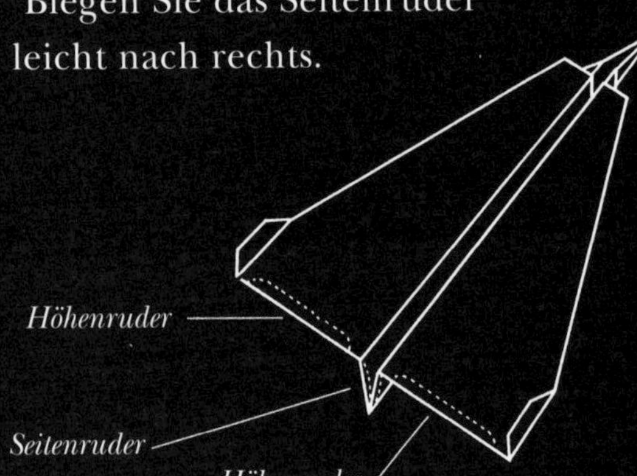

Hinweis: Entlang der fetten, durchgezogenen Linien schneiden, gestrichelte Linien liegen innen, gepunktete Linien außen.

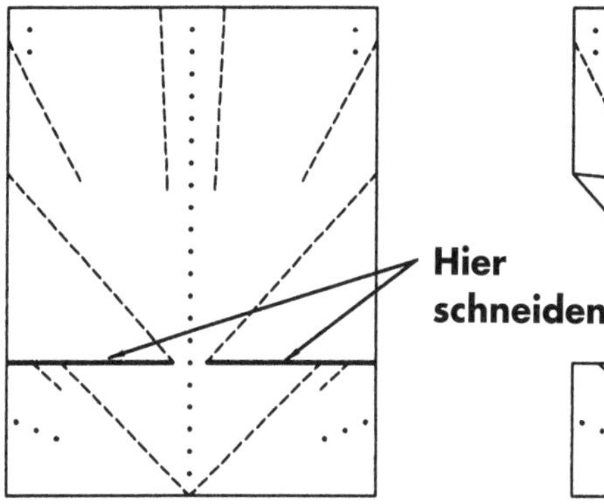

1. Falten Sie das Papier entlang der Mittellinie (9) zusammen und wieder auseinander. Schneiden Sie entlang der fetten, durchgezogenen Linien .

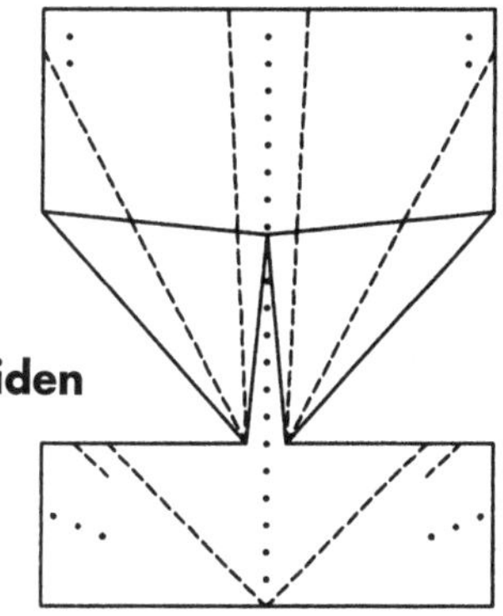

2. Falten Sie das Papier nun entlang Linie 1 und 2 nach innen.

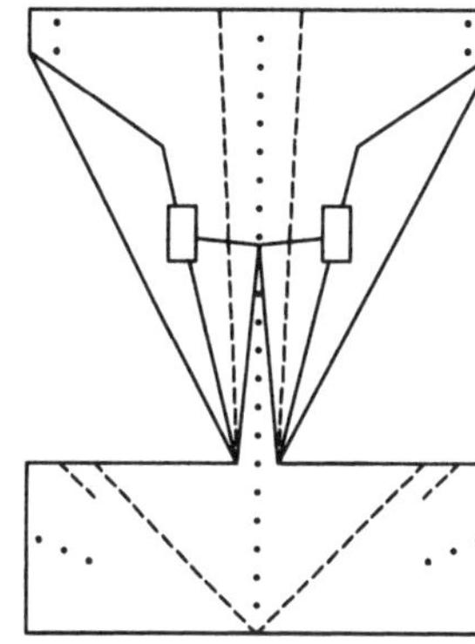

3. Falten Sie das Blatt dann entlang Linie 3 und 4, und fixieren Sie das Ganze wie abgebildet mit einem Klebestreifen.

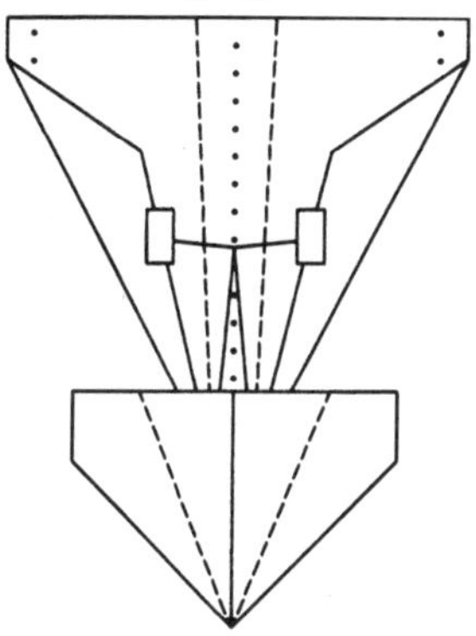

4. Knicken Sie das Papier nun entlang Linie 5 und 6.

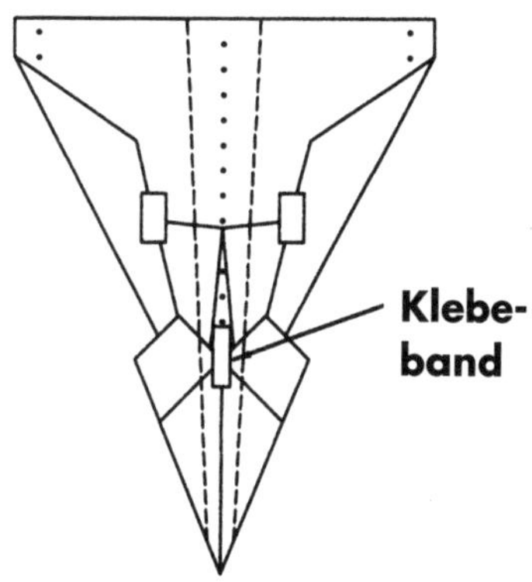

5. Falten Sie das Papier entlang Linie 7 und 8. Fixieren Sie die beiden Enden mit einem Klebestreifen.

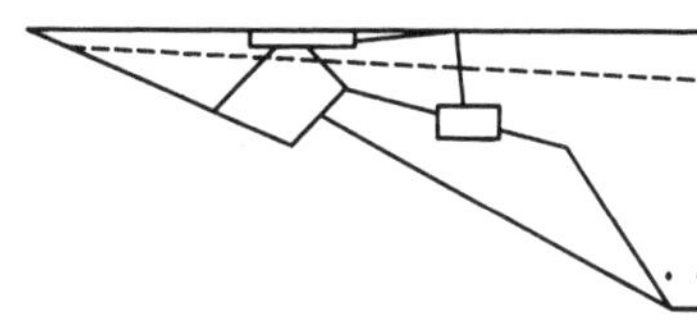

6. Drehen Sie den Flieger, und falten Sie ihn entlang der Mittellinie (Linie 9) zusammen.

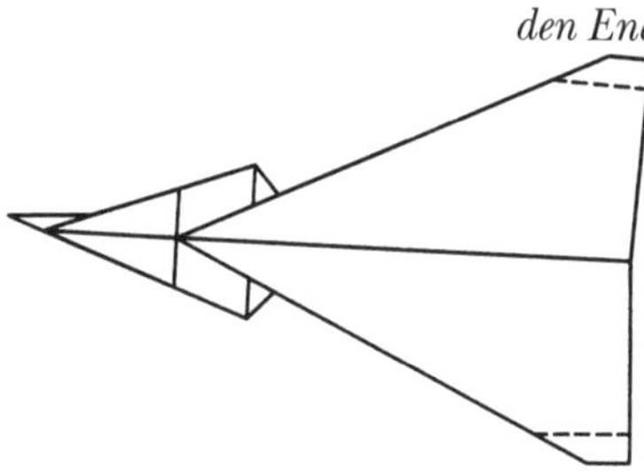

7. Falten Sie nun einen Flügel entlang Linie 10 nach oben.

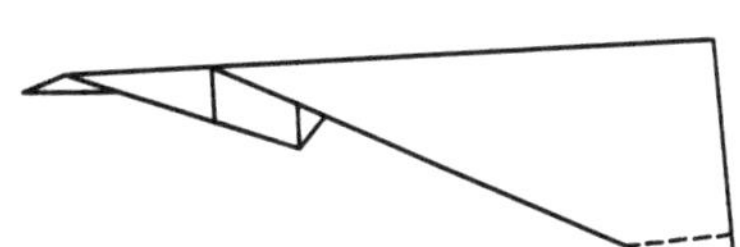

8. Drehen Sie den Flieger um, und falten Sie den anderen Flügel entlang Linie 11 nach unten.

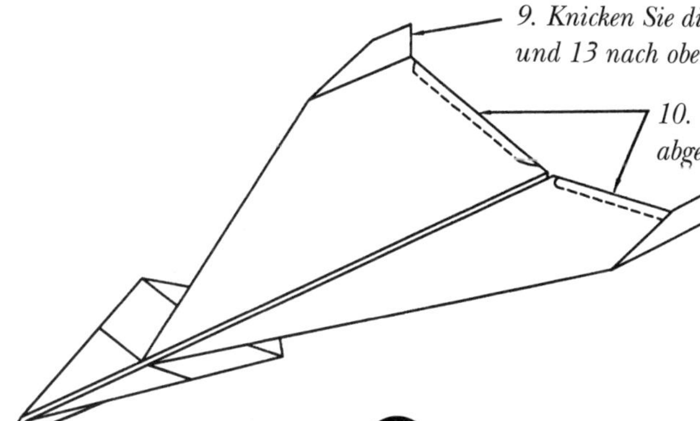

9. Knicken Sie die Flügelspitzen entlang Linie 12 und 13 nach oben.

10. Knicken Sie das Höhenruder, wie abgebildet, nach oben.

Prüfen Sie, ob sich die Flügelspitzen oberhalb des Flugzeugrumpfes befinden und mit diesem ein »Y« bilden.

CONDOR

GENAU WIE SEIN GEFIEDERTER Namensvetter ist auch dieses Modell ein exzellenter Segler. In Innenräumen eignet sich dieser Flieger gleichermaßen für Flüge, bei denen es auf die Flugdauer ankommt, wie für Langstreckenflüge. Im Freien eignet er sich gut für den Abwurf von Hügeln und Gebäuden aus. Experimentieren Sie mit verschiedenen Flügelgrößen und -formen.

REGULIERUNG DES FLUGES

☞ **IHR FLIEGER STÜRZT AB:** Biegen Sie die Höhenruder leicht nach oben, *oder* werfen Sie den Flieger mit mehr Schwung.

☞ **IHR FLIEGER STEIGT, WIRD DANN LANGSAMER UND STÜRZT SCHLIESSLICH AB:** Biegen Sie die Höhenruder leicht nach unten, *oder* werfen Sie das Flugzeug etwas behutsamer.

☞ **IHR FLIEGER ZIEHT NACH RECHTS:** Biegen Sie das Seitenruder leicht nach links.

☞ **IHR FLIEGER ZIEHT NACH LINKS:** Biegen Sie das Seitenruder leicht nach rechts.

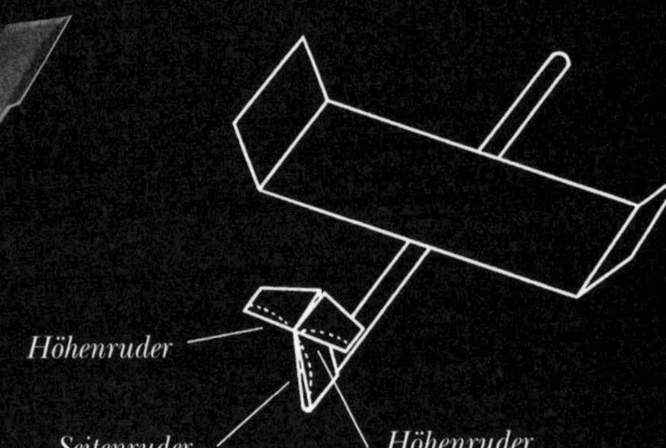

Hinweis: Entlang der fetten, durchgezogenen Linien schneiden, gestrichelte Linien liegen innen, gepunktete Linien außen.

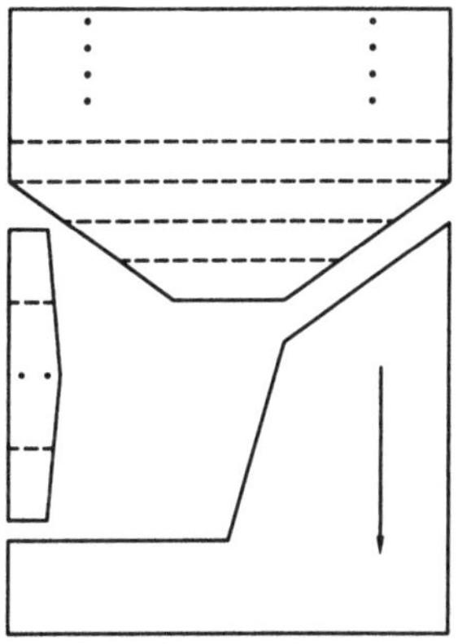

1. Schneiden Sie das Papier wie abgebildet entlang der fetten, durchgezogenen Linien auseinander.

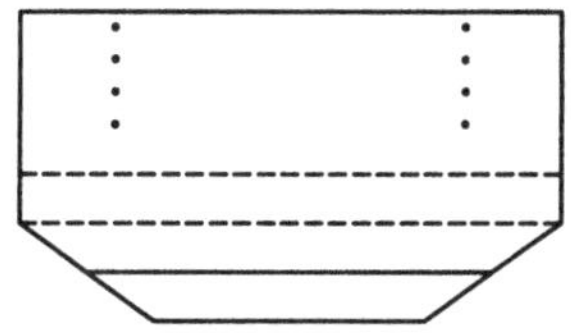

2. Falten Sie den Flügel entlang Linie 1 nach vorn.

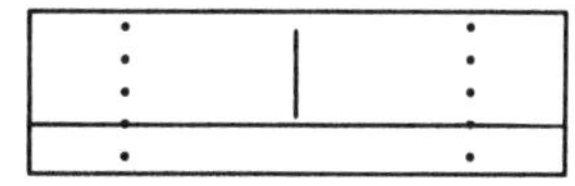

3. Falten Sie das Papier auch entlang Linie 2, 3 und 4 nach vorn.

Schräg zulaufendes Ende des Hecks.

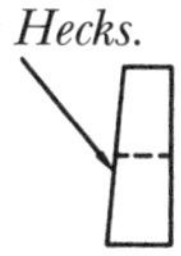

4. Falten Sie das Heck entlang Linie 5 zusammen.

5. Falten Sie das Heck entlang Linie 6 nach oben.

6. Drehen Sie das Heck um, und falten Sie es entlang Linie 7 nach oben.

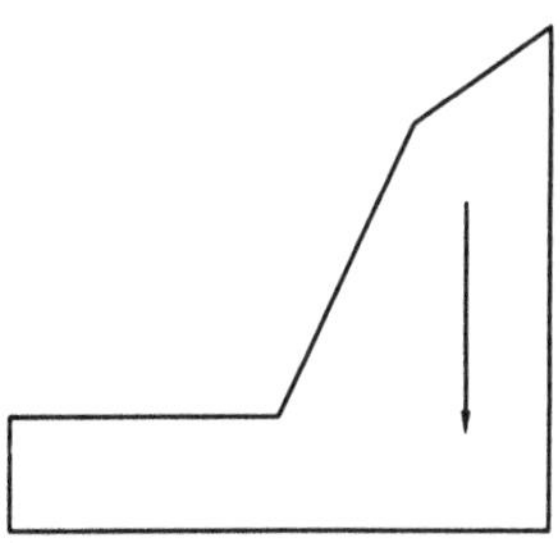

7. Rollen Sie den Rumpf in Pfeilrichtung zusammen. (Tip: Wickeln Sie dabei das Papier um einen Bleistift.)

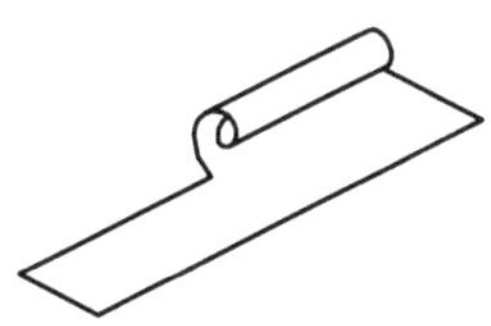

8. Versuchen Sie, die Enden der Rolle gleich dick zu gestalten.

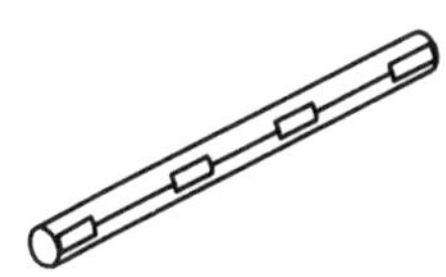

9. Fixieren Sie die Rolle wie abgebildet mit Klebestreifen.

10. Knicken Sie die Flügelspitzen entlang Linie 8 und 9 nach oben.

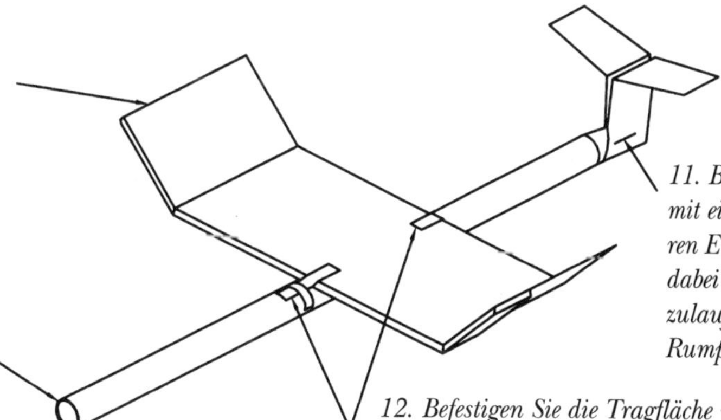

Schweres Rumpfende

11. Befestigen Sie das Heck nun mit einer Heftklammer am leichteren Ende des Rumpfes. Achten Sie dabei darauf, daß das schräg zulaufende Ende des Hecks zum Rumpf zeigt.

12. Befestigen Sie die Tragfläche mit einem Klebestreifen am Rumpf. Das zusammengefaltete Ende der Tragfläche sollte dabei auf der Linie A des Rumpfes befestigt werden.

PTERODACTYL

WIE DAS FLUGZEUG der Gebrüder Wright oder das Modell Hammerhead fliegt auch dieses Modell »kopfgesteuert«. Diese Art von Flugzeugen hat aus dem Französischen den Spitznamen »Ente« (Canard). Als die Gebrüder Wright nach Frankreich kamen, fanden die Franzosen, daß ihr Flugzeug wie eine Ente aussah. Für den richtigen Flug müssen die Höhenruder bei diesem Flieger nach unten gebogen werden (im Gegensatz zu den meisten anderen Fliegern in diesem Buch). Experimentieren Sie mit der Einstellung des Winkels an den Flügelspitzen.

REGULIERUNG DES FLUGES

☞ **IHR FLIEGER STÜRZT AB:** Biegen Sie die Höhenruder leicht nach unten, *oder* werfen Sie den Flieger mit mehr Schwung.

☞ **IHR FLIEGER STEIGT, WIRD DANN LANGSAMER UND STÜRZT SCHLIESSLICH AB:** Biegen Sie die Höhenruder leicht nach oben, *oder* werfen Sie das Flugzeug etwas behutsamer.

☞ **IHR FLIEGER ZIEHT NACH RECHTS:** Biegen Sie das Seitenruder leicht nach links.

☞ **IHR FLIEGER ZIEHT NACH LINKS:** Biegen Sie das Seitenruder leicht nach rechts.

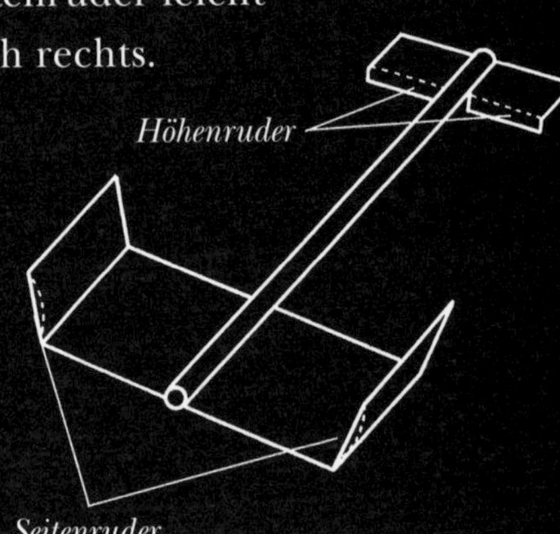

Hinweis: Entlang der fetten, durchgezogenen Linien schneiden, gestrichelte Linien liegen innen, gepunktete Linien außen.

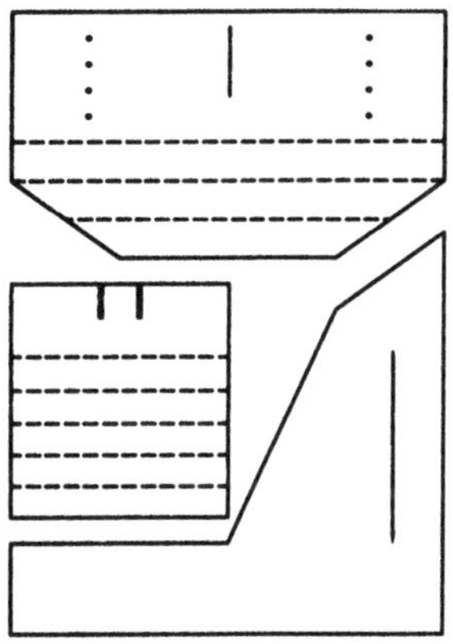

1. Schneiden Sie das Papier entlang der fetten, durchgezogenen Linien auseinander (wie abgebildet).

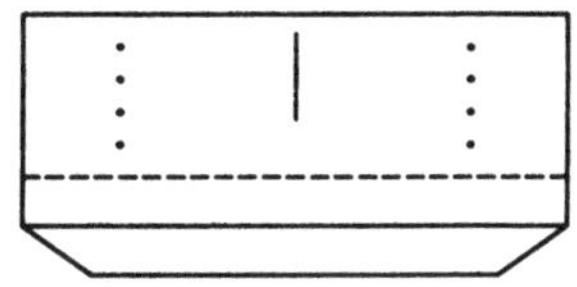

2. Falten Sie das Blatt entlang Linie 1 nach vorn.

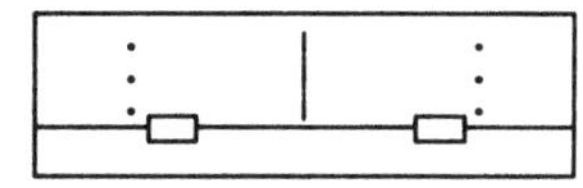

3. Verfahren Sie genauso mit Linie 2 und 3, und fixieren Sie das Ende wie abgebildet mit Klebestreifen.

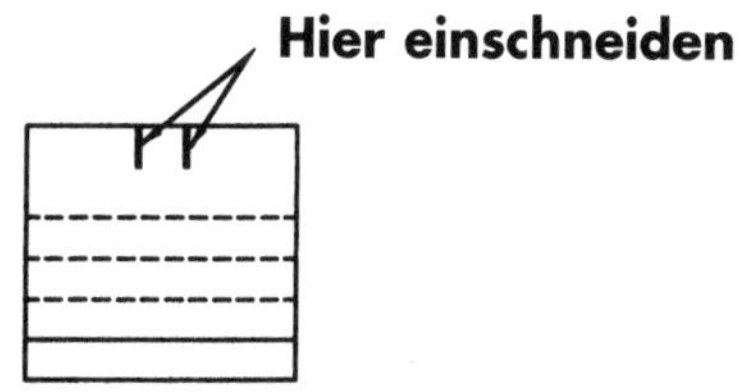

4. Schneiden Sie das Papier an den dafür vorgesehenen Stellen ein. Falten Sie das Blatt entlang Linie 4.

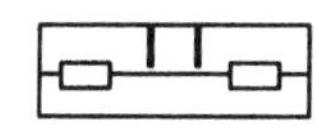

5. Verfahren Sie weiter so bis zur Linie 8, und stabilisieren Sie das Ganze wie abgebildet mit einem Klebestreifen.

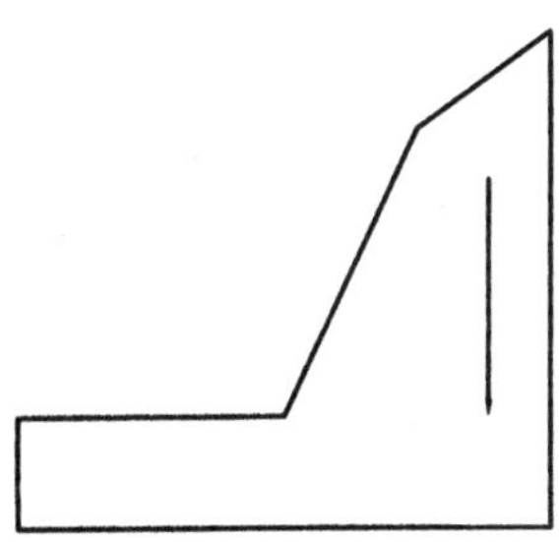

6. Rollen Sie den Rumpf in Pfeilrichtung zusammen. (Tip: Wickeln Sie dabei das Papier um einen Bleistift.)

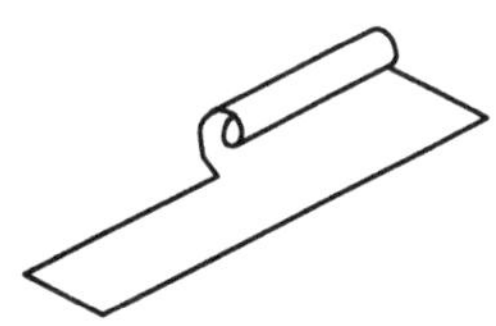

7. Versuchen Sie, die Enden der Rolle gleich dick zu gestalten.

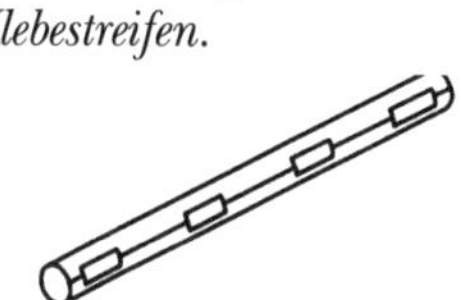

8. Fixieren Sie die Rolle wie abgebildet mit einem Klebestreifen.

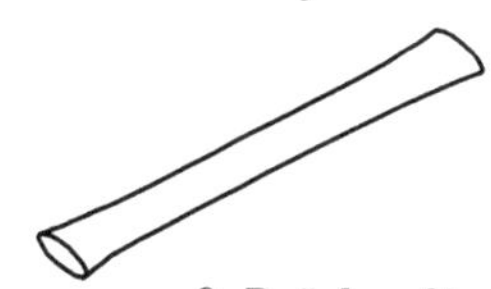

9. Drücken Sie die Rolle an jeder Seite etwa 2,5 cm weit flach zusammen.

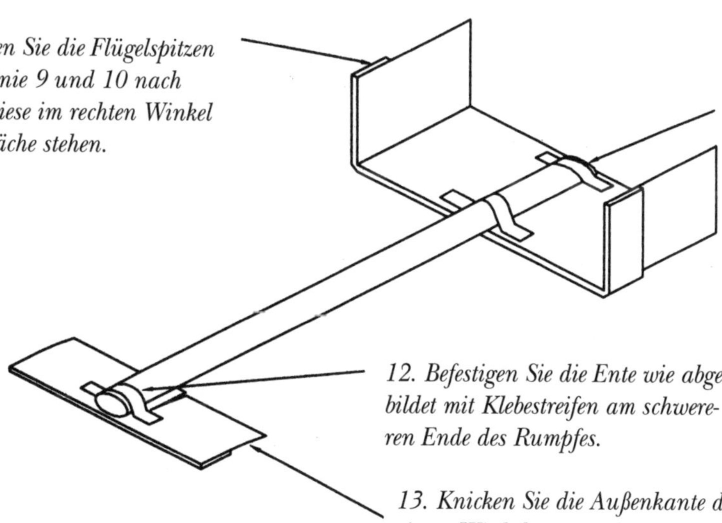

10. Knicken Sie die Flügelspitzen entlang Linie 9 und 10 nach oben, bis diese im rechten Winkel zur Tragfläche stehen.

11. Befestigen Sie die Tragfläche wie abgebildet mit Klebestreifen am leichteren Ende des Rumpfes.

12. Befestigen Sie die Ente wie abgebildet mit Klebestreifen am schwereren Ende des Rumpfes.

13. Knicken Sie die Außenkante der »Ente« in einem Winkel von ca. 20° nach unten.

CAMEL

Das Original dieses Modells ist das Sopwith Camel, das im 1. Weltkrieg den Roten Baron abschoß. Die Popularität der Doppeldecker, die in den 30er Jahren sehr groß war, hat aufgrund des großen Luftwiderstandes immer mehr nachgelassen. Dieser Nachteil trifft auf die Papiervariante nicht zu. Es handelt sich hier um einen guten Allround-Flieger, auch wenn die Herstellung zugegebenermaßen etwas Zeit kostet.

REGULIERUNG DES FLUGES

☞ **Ihr Flieger stürzt ab:** Biegen Sie die Höhenruder leicht nach oben, *oder* werfen Sie den Flieger mit mehr Schwung.

☞ **Ihr Flieger steigt, wird dann langsamer und stürzt schliesslich ab:** Biegen Sie die Höhenruder leicht nach unten, *oder* werfen Sie das Flugzeug etwas behutsamer.

☞ **Ihr Flieger zieht nach rechts:** Biegen Sie das Seitenruder leicht nach links.

☞ **Ihr Flieger zieht nach links:** Biegen Sie das Seitenruder leicht nach rechts.

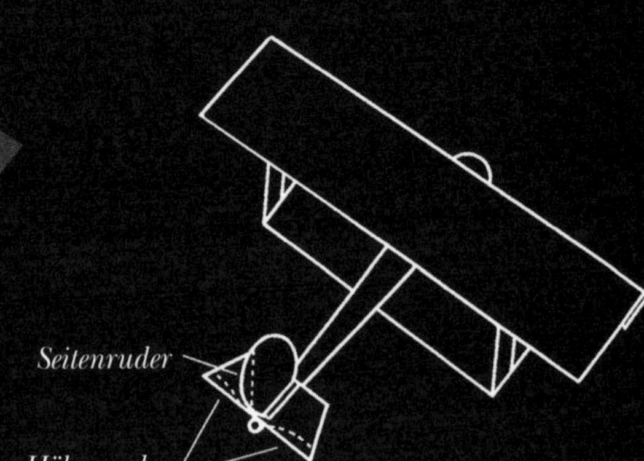

Hinweis: Entlang der fetten, durchgezogenen Linien schneiden, gestrichelte Linien liegen innen, gepunktete Linien außen.

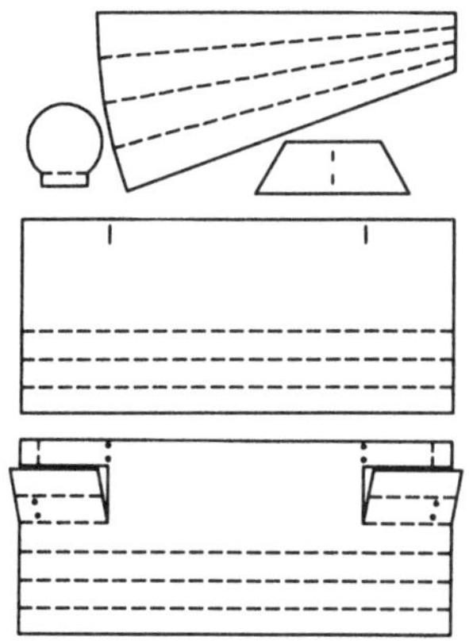

1. Schneiden Sie das Papier wie abgebildet entlang der fetten, durchgezogenen Linien auseinander.

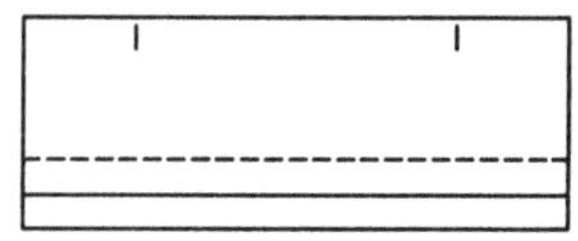

2. Falten Sie das Blatt entlang Linie 1 nach vorne.

3. Verfahren Sie genauso mit Linie 2 und 3, und fixieren Sie den Falz wie abgebildet mit Klebestreifen.

4. Verfahren Sie genauso mit Linie 4, 5 und 6.

5. Falten Sie das Blatt nun entlang Linie 7 bis 10; schlagen Sie den schmalen Papierstreifen dabei um die Flügelstützen, und kleben Sie das Ganze an beiden Enden mit einem Klebestreifen zusammen.

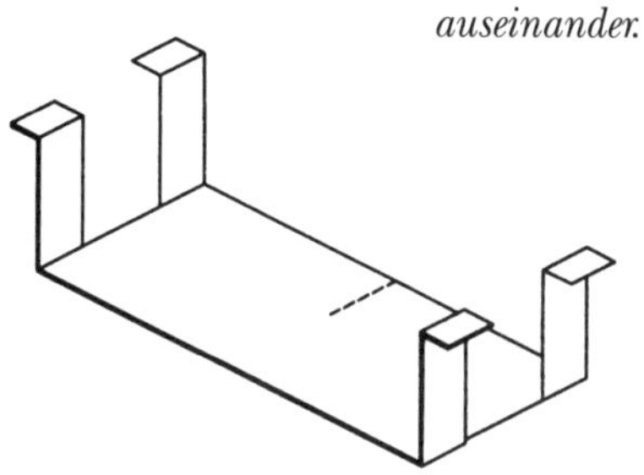

6. Knicken Sie den Flügel nun entlang Linie 11 bis 18 nach oben.

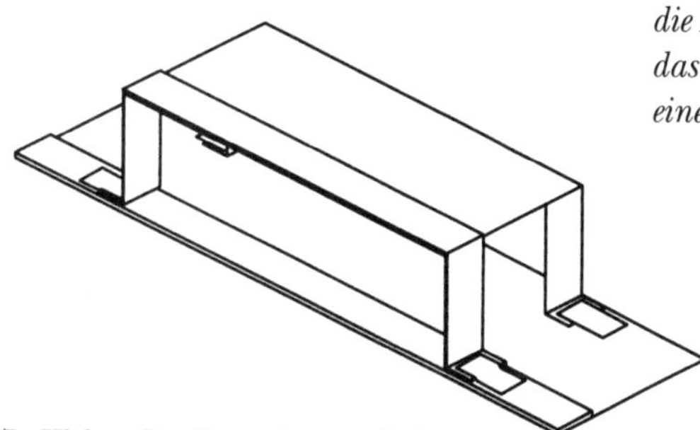

7. Kleben Sie die untere und obere Tragfläche nun wie abgebildet den Buchstaben entsprechend zusammen. Achten Sie darauf, daß die Tragflächen nicht verbogen sind.

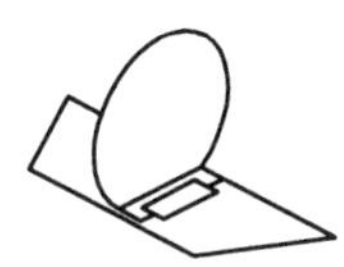

8. Knicken Sie die Seitenflosse entlang Linie 19 um, und befestigen Sie sie auf beiden Seiten mit einem Klebestreifen auf dem Leitwerk.

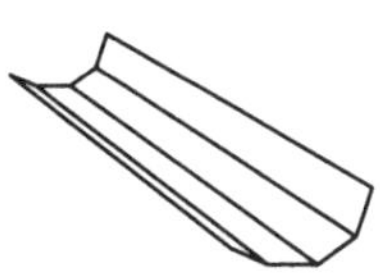

9. Falten Sie das Blatt entlang Linie 21, 22 und 23 nur leicht nach innen.

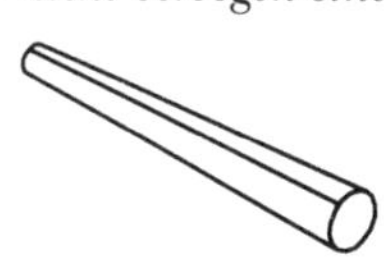

10. Rollen Sie den Rumpf so zusammen, daß sich die Enden leicht überlappen.

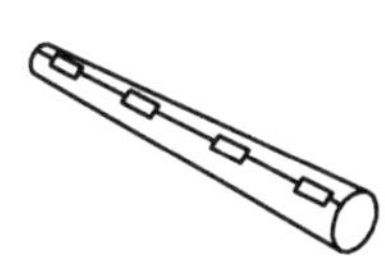

11. Kleben Sie die Rolle wie abgebildet zusammen.

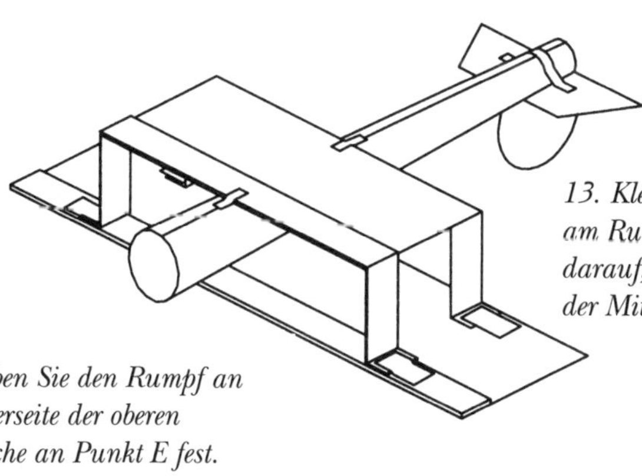

12. Kleben Sie den Rumpf an der Unterseite der oberen Tragfläche an Punkt E fest.

13. Kleben Sie das Leitwerk am Rumpf fest. Achten Sie darauf, daß Sie es genau in der Mitte befestigen.

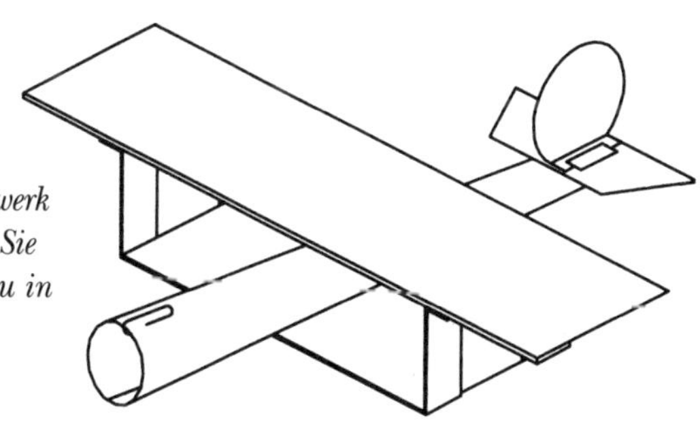

14. Befestigen Sie wahlweise zwei kleinere oder eine große Büroklammer am Bug. Sollten Sie sich für zwei Büroklammern entscheiden, befestigen Sie eine an der Ober-, die andere an der Unterseite des Bugs.

Flug-Logbuch

Echte Piloten führen Flug-Logbücher zur Dokumentation von Flugzeugtyp und Flugzeit und um sich Notizen zu besonderen Flügen zu machen.

Auch Sie können sich zu diesem Zweck ein Logbuch für Ihren Papierflieger anlegen. Sie müssen ja nicht jeden Flug darin eintragen. Am besten eignet sich das Logbuch, um neue Fliegertypen, die man ausprobiert hat, sowie maximale Flugzeit oder Flugweite darin einzutragen. Außerdem läßt sich anhand der Eintragungen zurückverfolgen, wie sich die jeweiligen Veränderungen auf den Flug auswirken.

Datum	Fliegertyp	Ort	Maximale Flugzeit	Maximale Flugweite	Bemerkungen	Anzahl der Flüge

FLUG-LOGBUCH

Datum	Fliegertyp	Ort	Maximale Flugzeit	Maximale Flugweite	Bemerkungen	Anzahl der Flüge

Der Hangar

Alle Flieger auf einen Blick

BASIC SQUARE

DART

STUNT

EAGLE

CHOPPER

INTERCEPTOR

HORNET

VORTEX

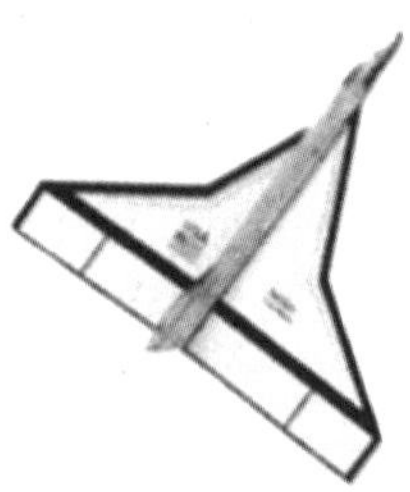

SHUTTLE

HAMMERHEAD

WORLD RECORD
PAPER AIRPLANE

PHANTOM

VALKYRIE

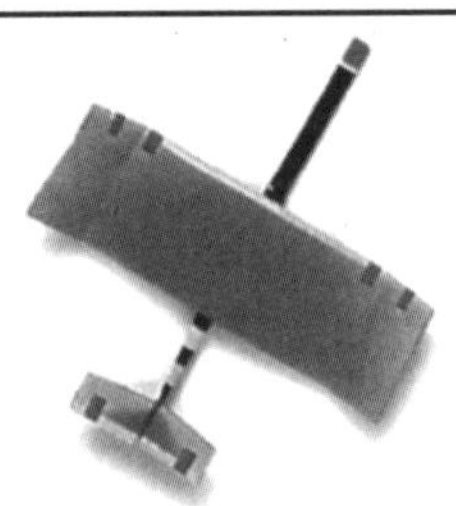

CONDOR

PTERODACTYL

CAMEL

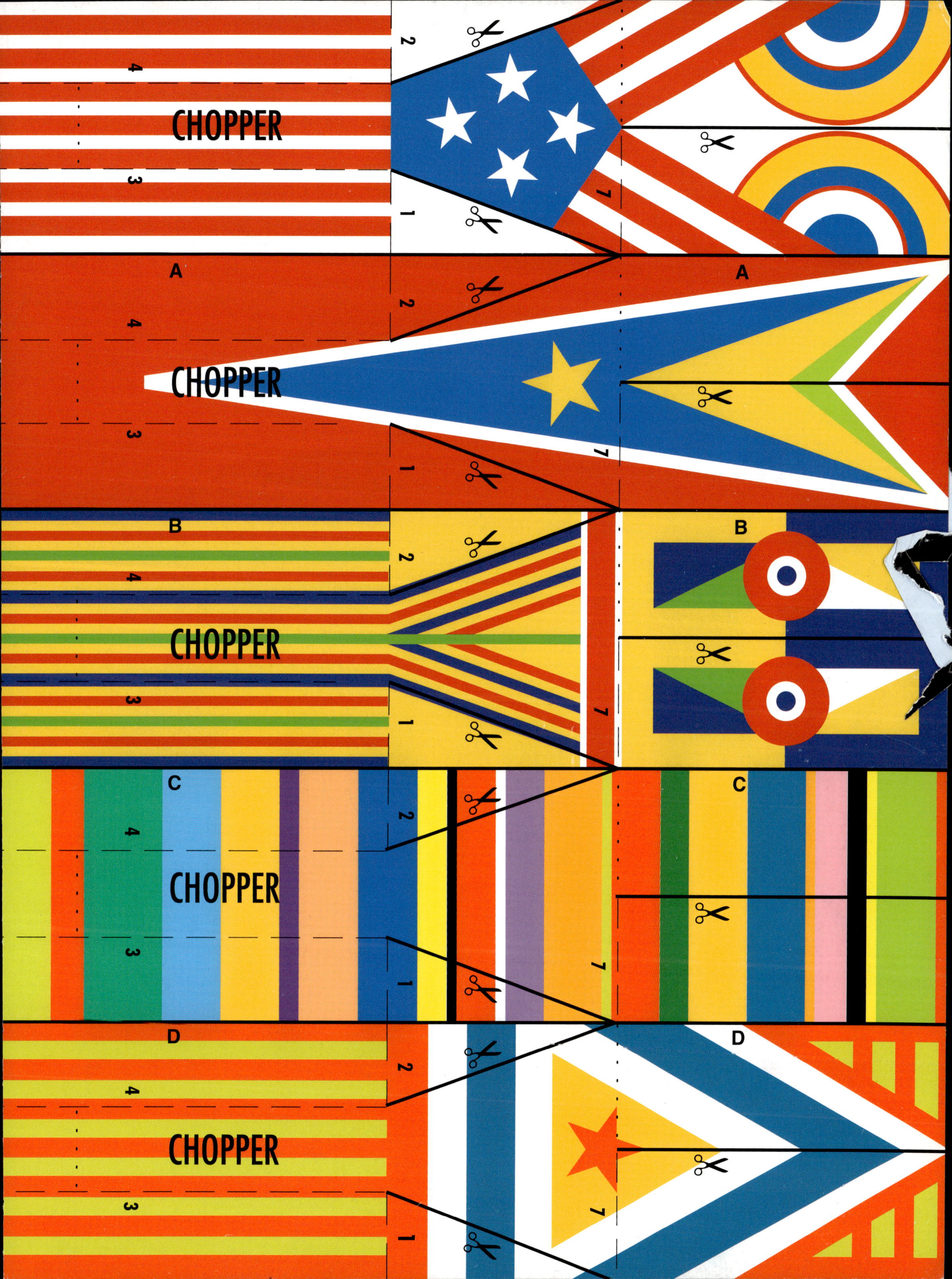
CHOPPER
A
CHOPPER
B
CHOPPER
C
CHOPPER
D
CHOPPER
1
2
3
4
7

6
5
6
5
6
5
6
5
6
5

CHOPPER
A
A
CHOPPER
B
B
CHOPPER
C
C
CHOPPER
D
D
CHOPPER

6
5
6
5
6
5
6
5
6
5

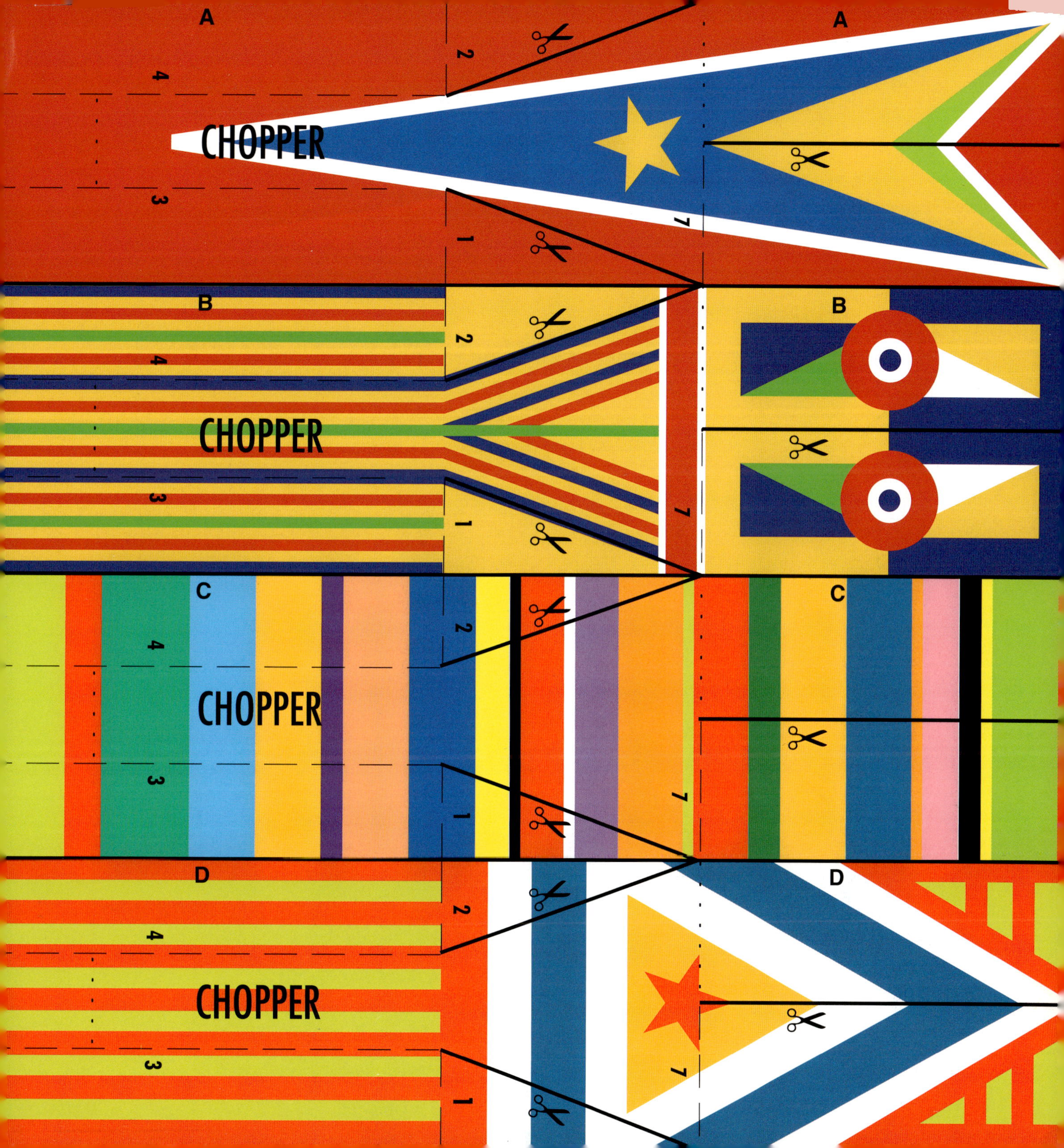
A
CHOPPER
A
B
CHOPPER
B
C
CHOPPER
C
D
CHOPPER
D

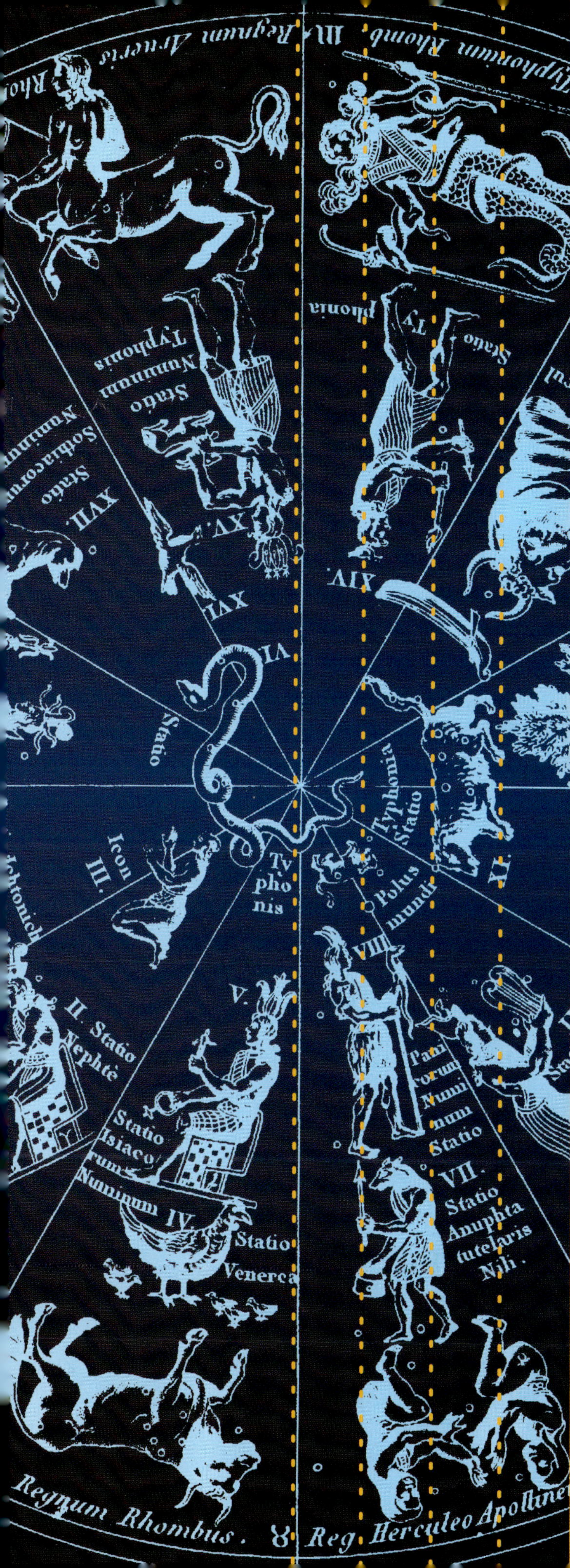
Statio
Icon III.
Ty pho nis
Polus mundi
Typhonia Statio
II. Statio Nephtè
V.
Statio Isiacorum
IV.
Statio Venerea
VII. Statio Anuphta tutelaris Nili
Regnum Rhombus.
Reg. Herculeo Apolline

VORTEX

4

3

2

1

VORTEX

1

2

3

4

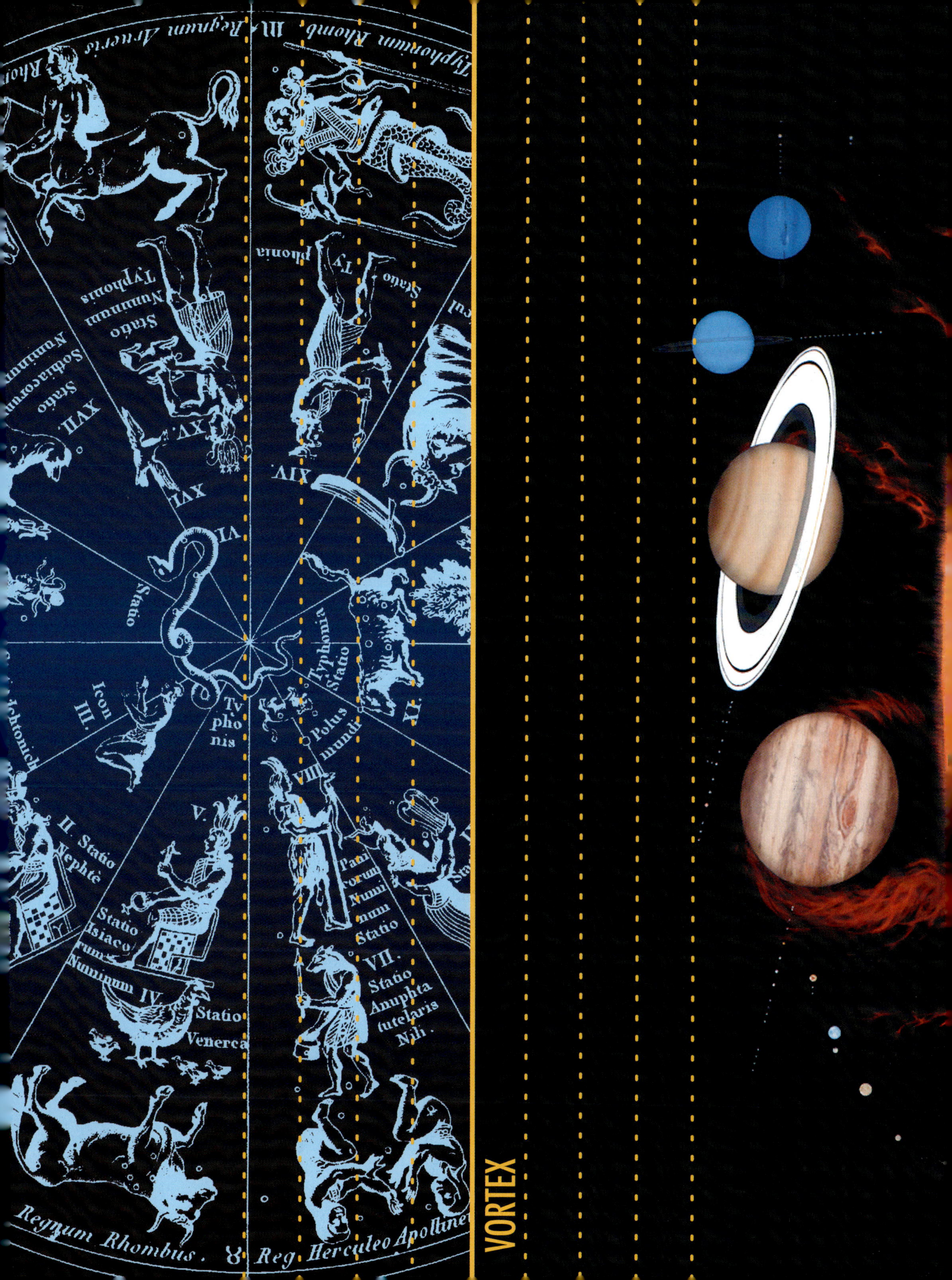
VORTEX
Regnum Rhombus.
Reg. Herculeo Apolline
Statio Venerea
Statio Isiaco rum Numinum IV.
II. Statio Nephte
Typhonia Statio
Polus mundi
Ty pho nis
VII. Statio Anuphta tutelaris Nili
Panicorum Numinum Statio
XVII. Statio Sothiacorum Numinum
Statio Numinum Typhonis
Statio

4

3

2

1

VORTEX

1

2

3

4

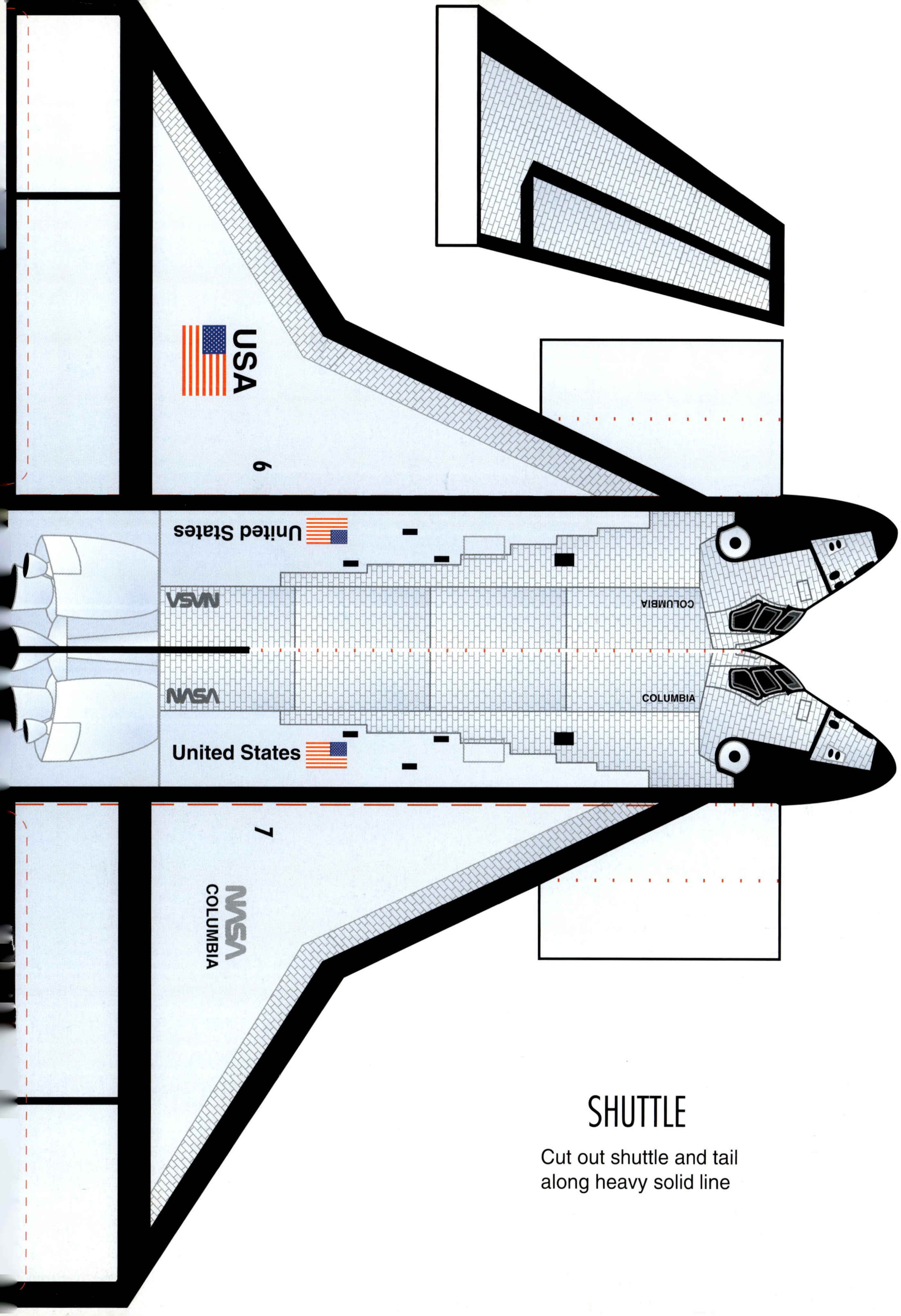

SHUTTLE

Cut out shuttle and tail along heavy solid line

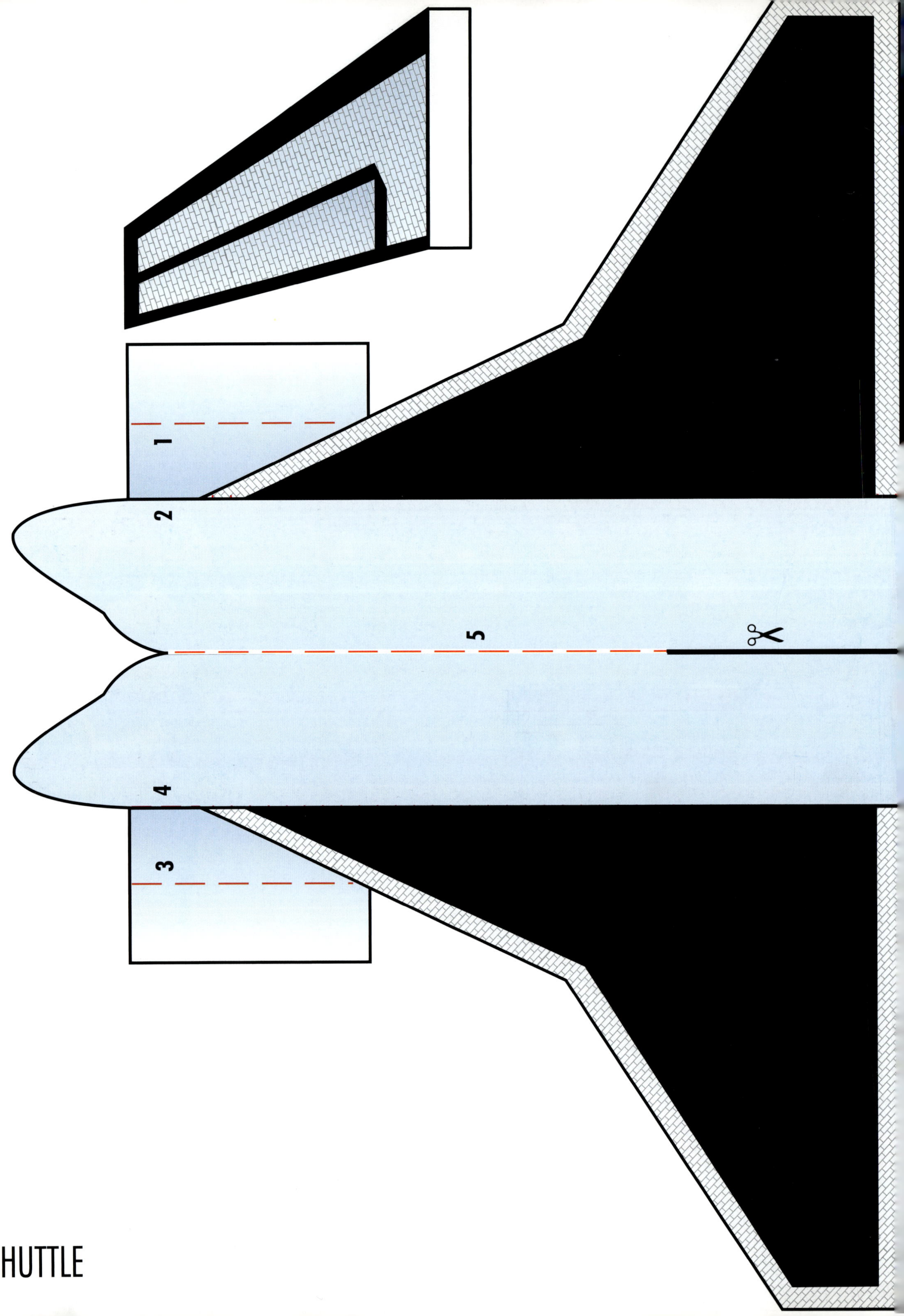

SHUTTLE

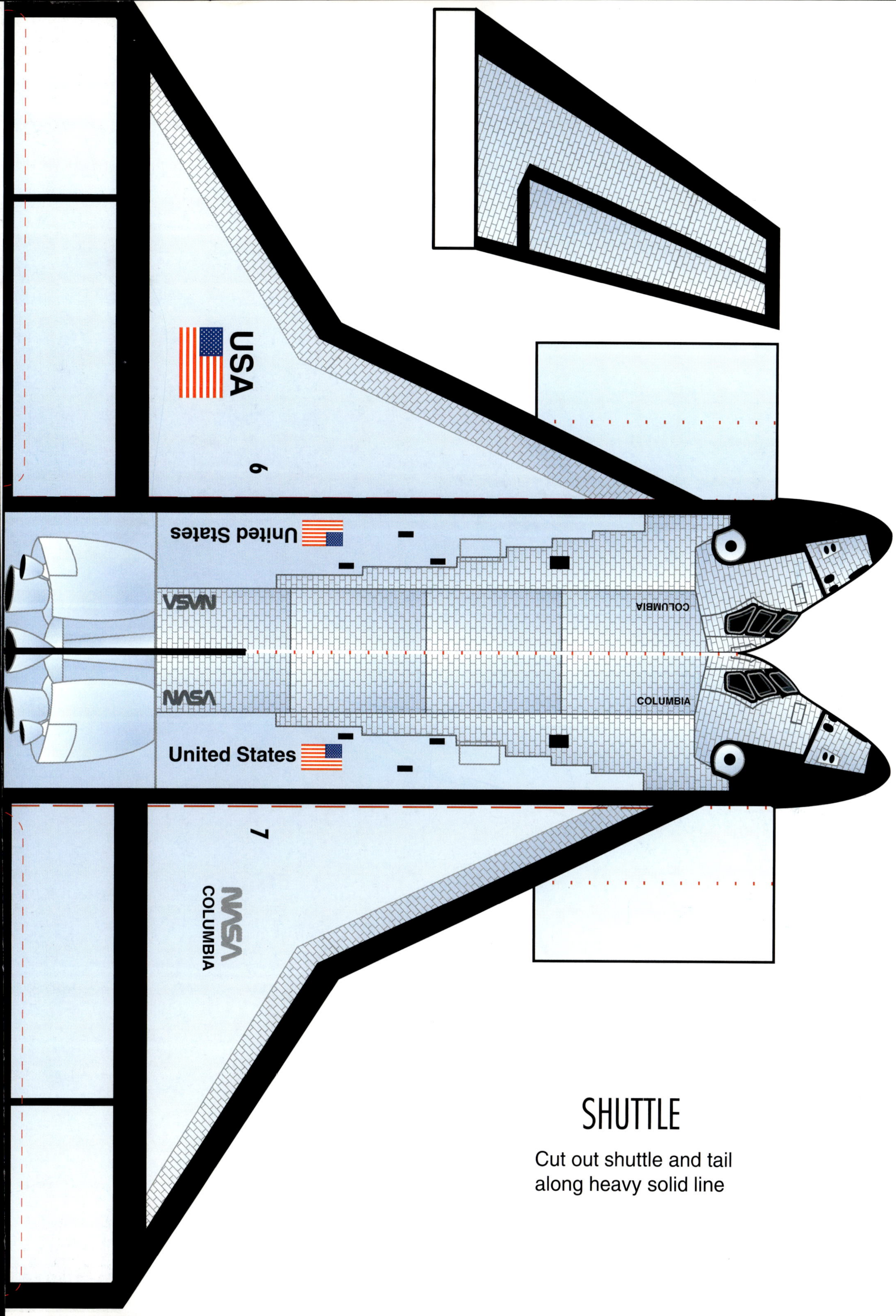

SHUTTLE

Cut out shuttle and tail along heavy solid line

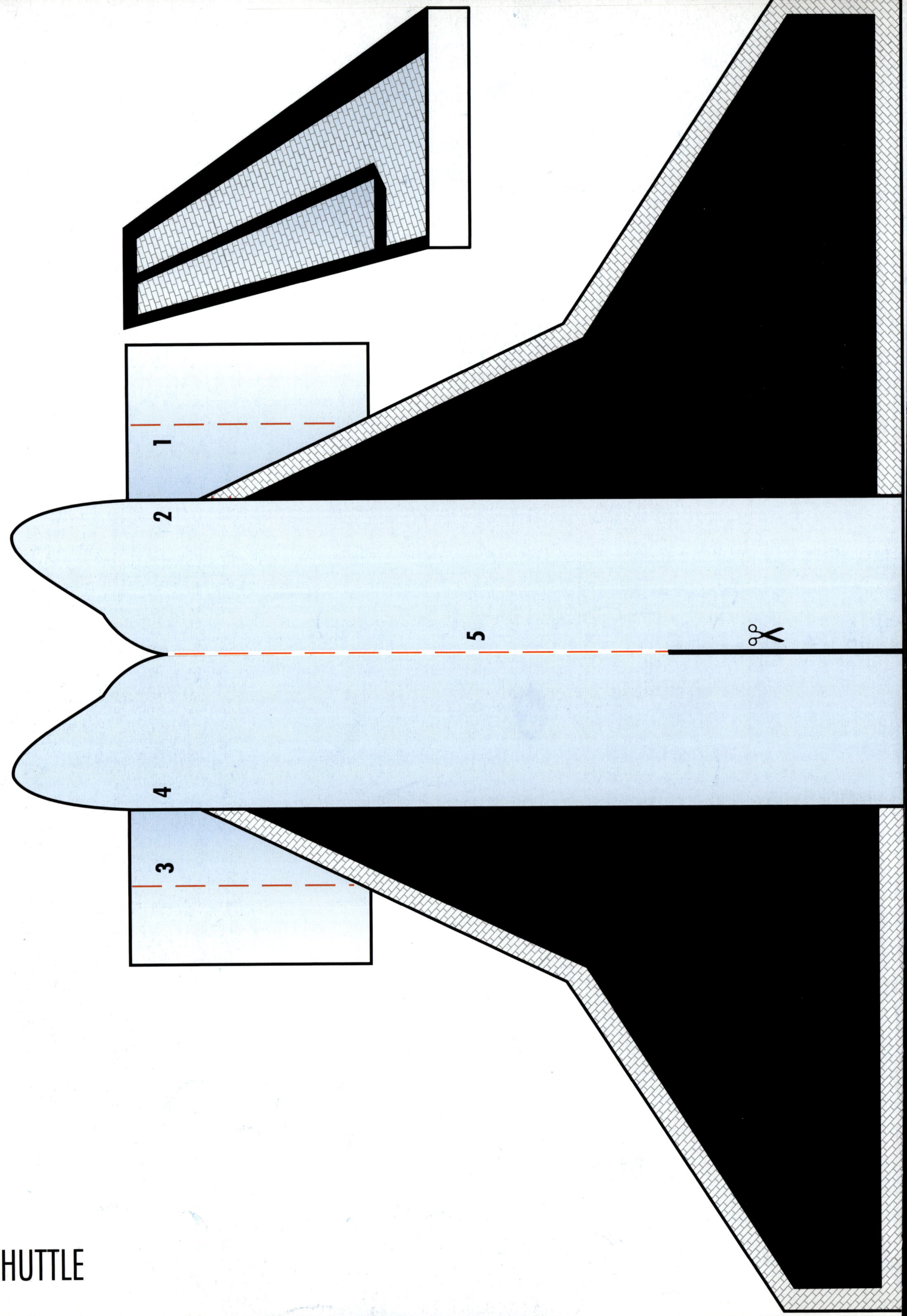

SHUTTLE

HAMMERHEAD
13
12
10
8
4
6
11
9

7
5
3
2
1

HAMMERHEAD
13
12
10
8
4
6
11
9

7
5
3
2
1

246

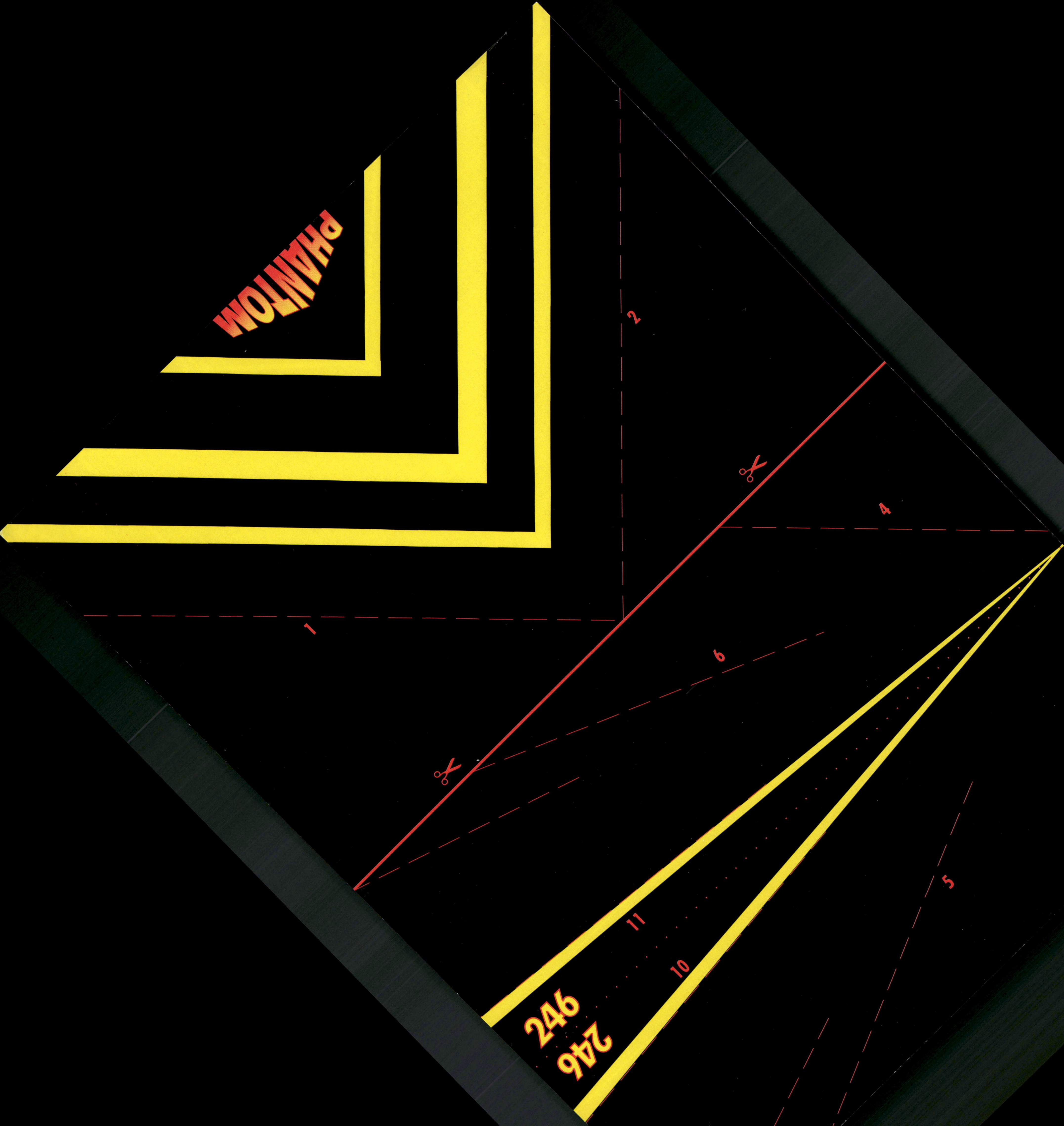
PHANTOM
1
2
4
6
5
11
10
246
246

12
13
VALKYRIE
VIA AIR MAIL
PER VIA AEREA
PAR AVION
AIR MAIL
9
3
4
7
8

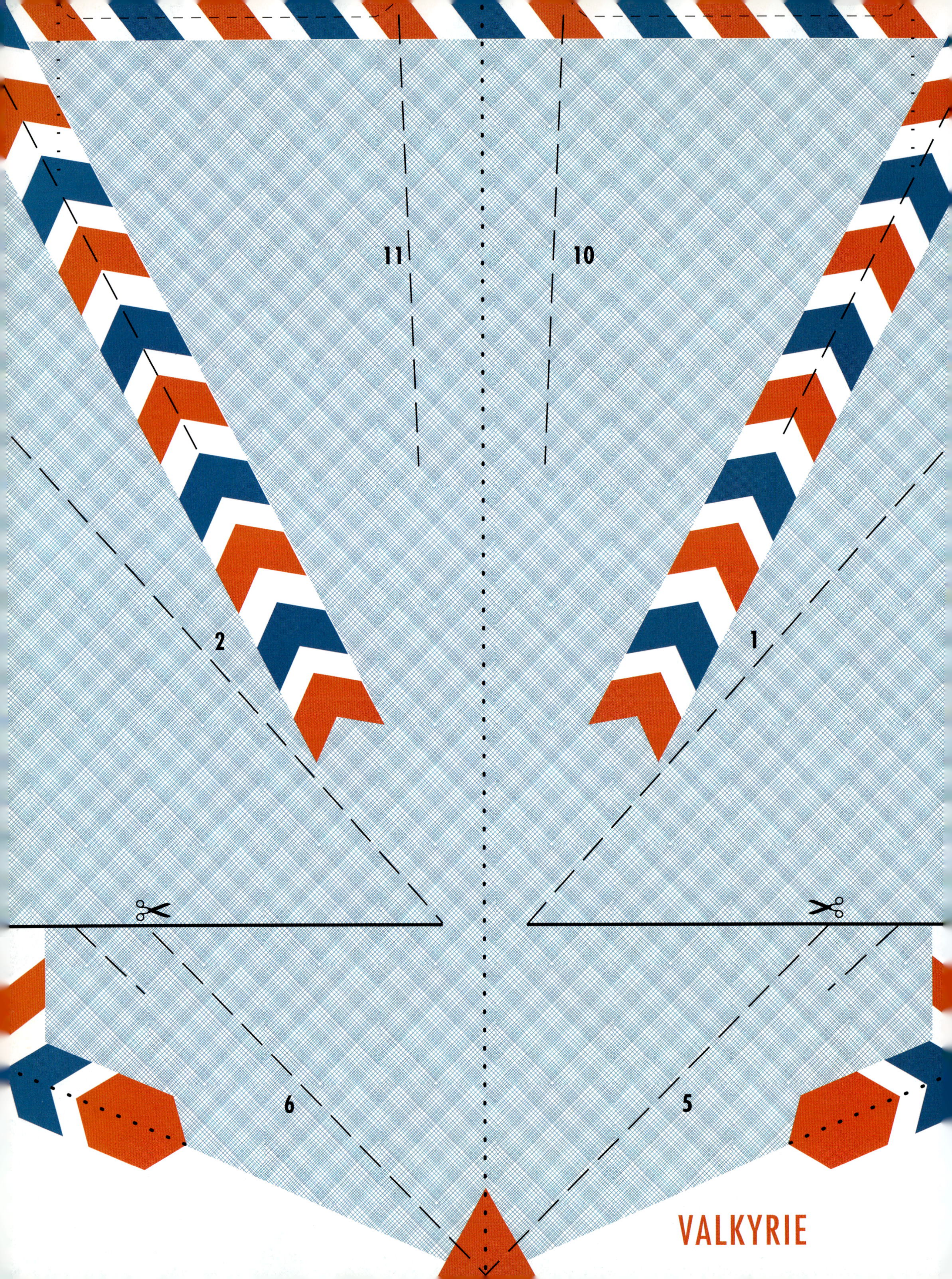
11
10
2
1
6
5
VALKYRIE

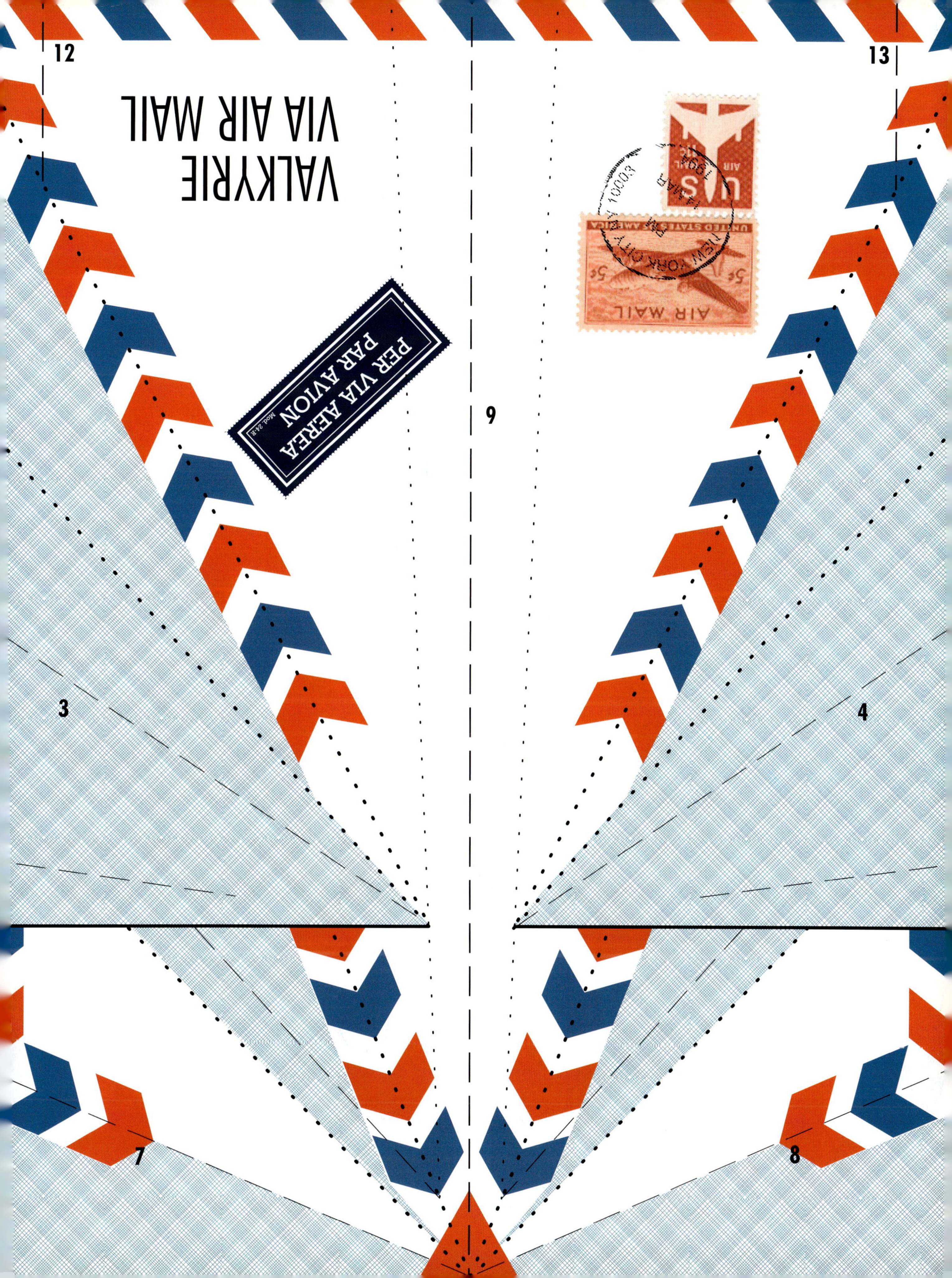
12
13
VALKYRIE
VIA AIR MAIL
PER VIA AEREA
PAR AVION
AIR MAIL
UNITED STATES OF AMERICA
5¢
U.S. AIR
NEW YORK CITY
9
3
4
7
8

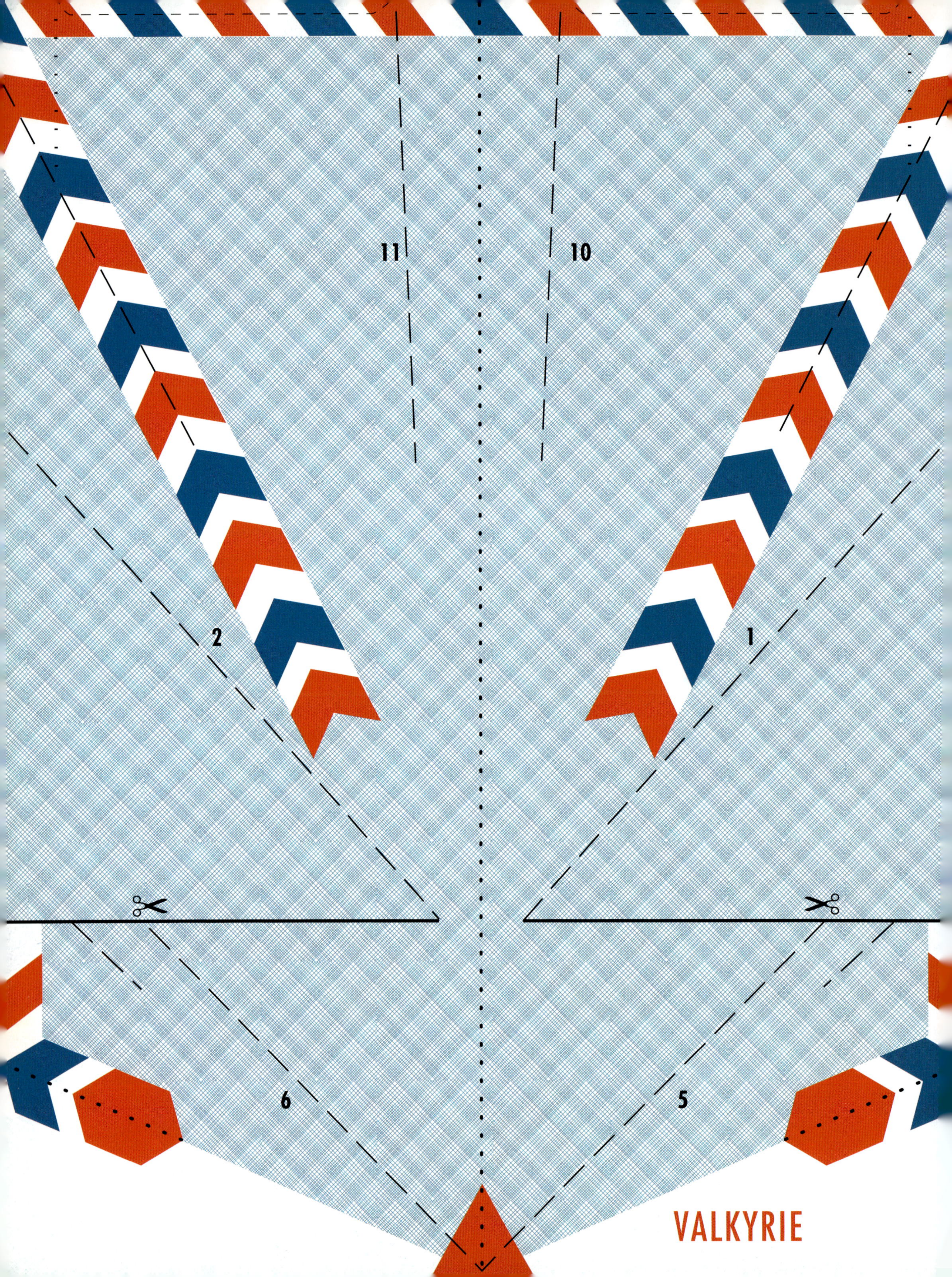
11
10
2
1
6
5
VALKYRIE

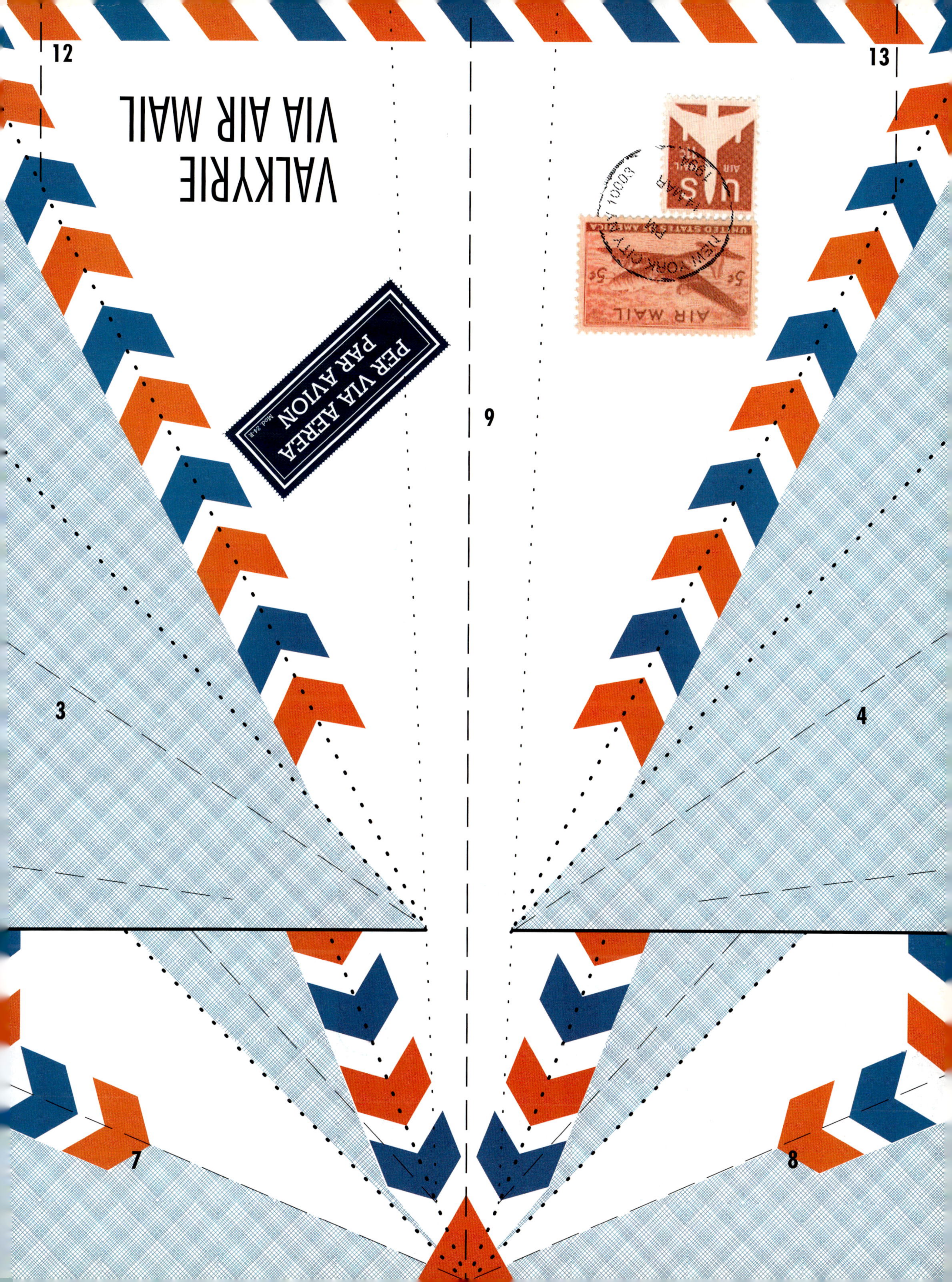
12
13
VALKYRIE
VIA AIR MAIL
PER VIA AEREA
PAR AVION
US
AIR MAIL
UNITED STATES OF AMERICA
NEW YORK CITY
9
3
4
7
8

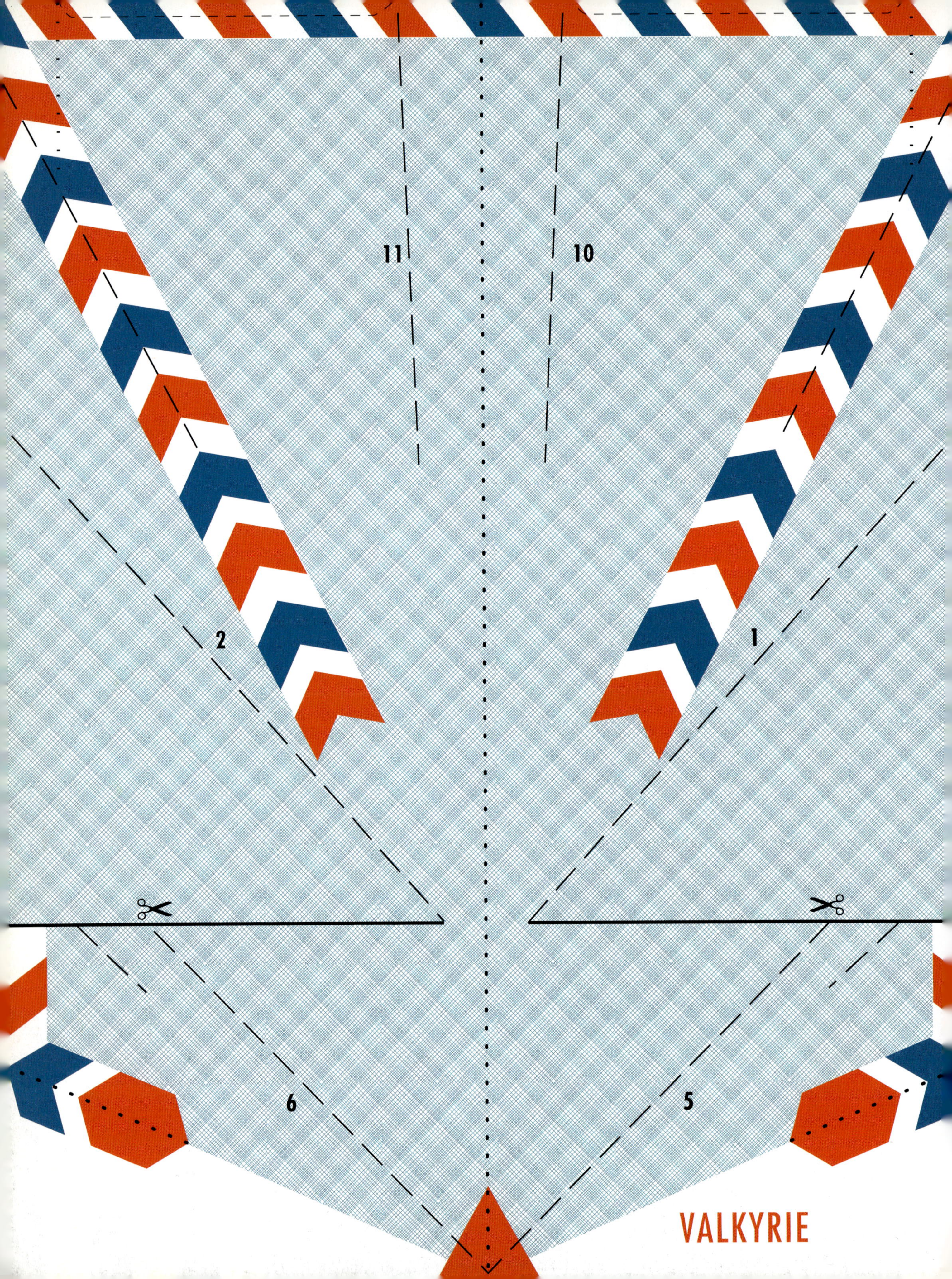
11
10
2
1
6
5
VALKYRIE

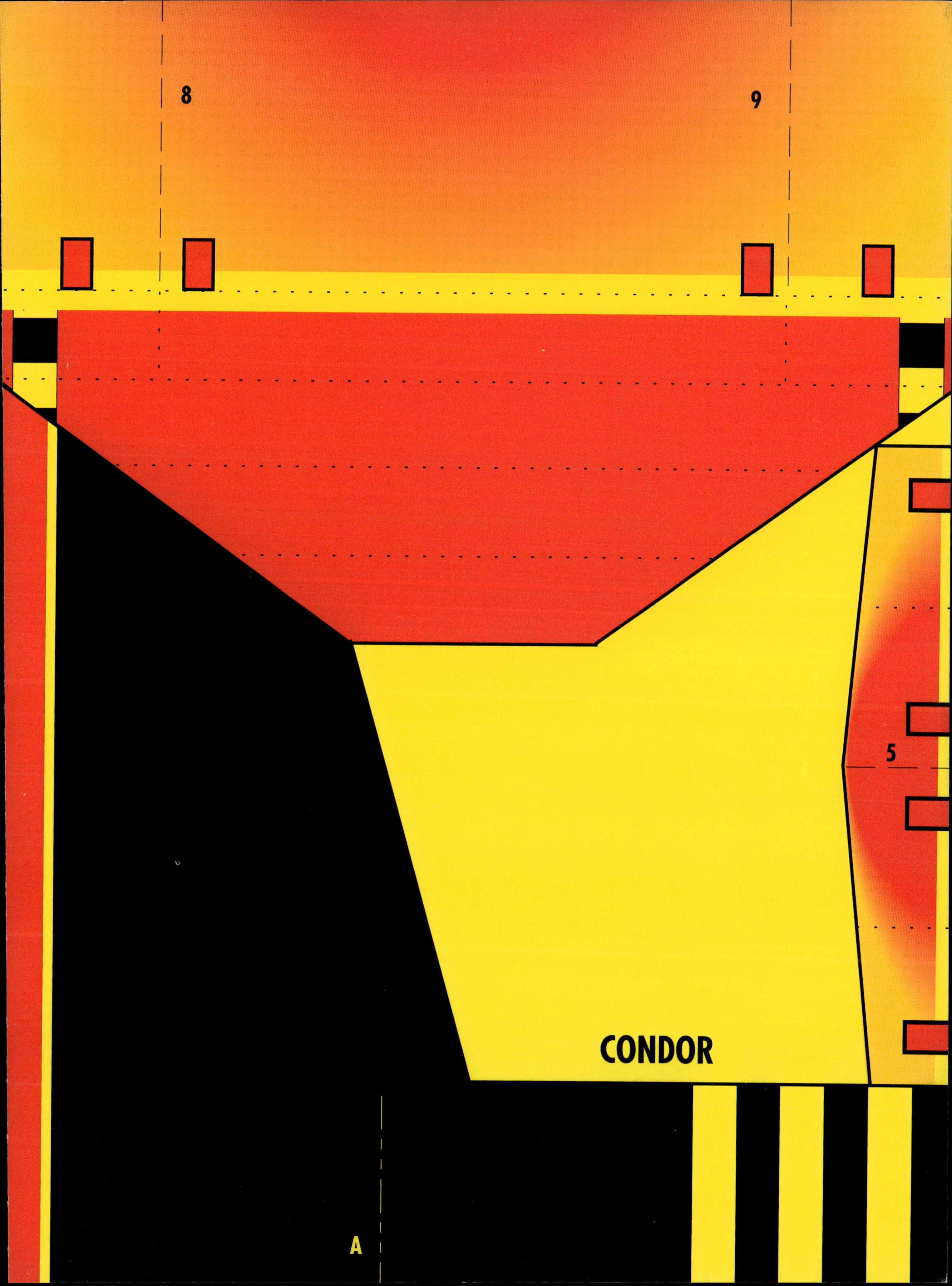
8
9
5
CONDOR
A

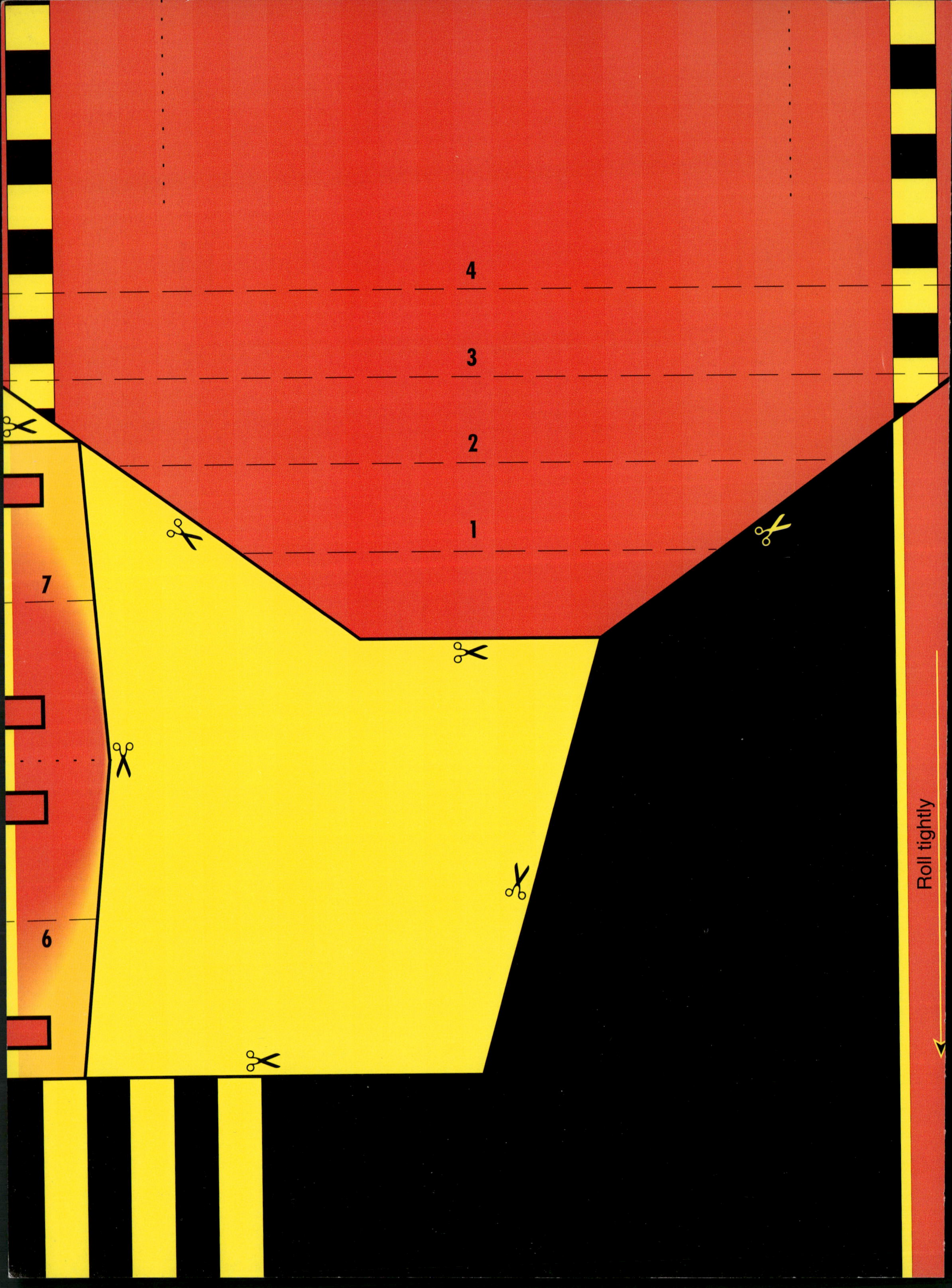
4
3
2
1
7
6
Roll tightly

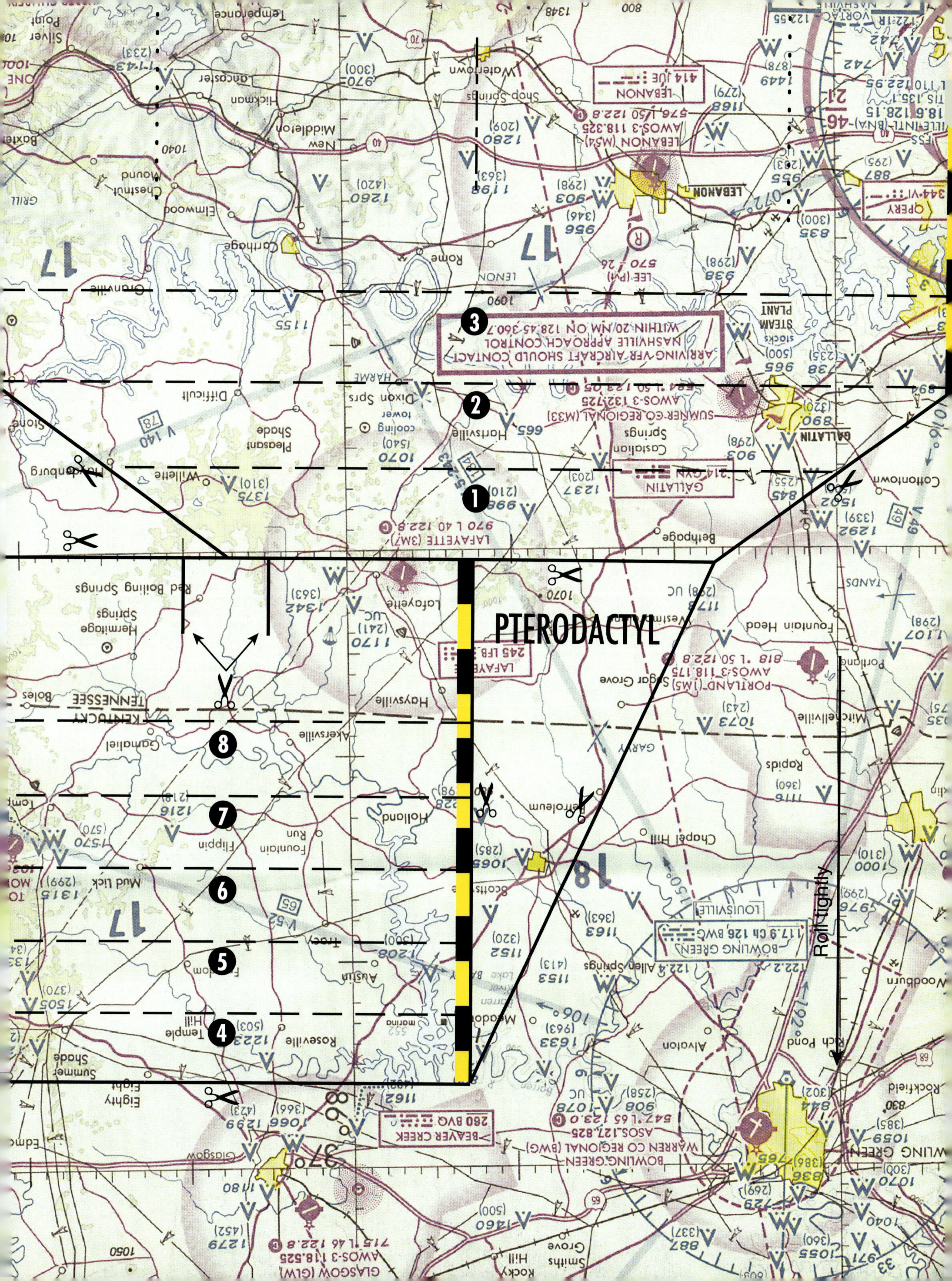
PTERODACTYL
Roll tightly
1
2
3
4
5
6
7
8

PTERODACTYL
Private "(Pvt)" Non Public use having emergency or landmark value.
Abandoned-paved having landmark value.
Special Airport Traffic Areas
Special Air Traffic Rules
(See F.A.R. Part 93 for details)
ARRIVING VFR AIRCRAFT SHOULD CONTACT NASHVILLE APPROACH CONTROL WITHIN 20 NM ON 128.45 360.7
BOWLING GREEN WARREN CO REGIONAL (BWG)
GLASGOW (GLW) AWOS-3 118.525
TOMPKINSVILLE-MONROE CO (TZV)
PORTLAND (1M5) AWOS-3 118.175
LAFAYETTE (3M7)
SUMNER CO REGIONAL (M33) AWOS-3 132.725
GALLATIN 214 GYN
BOWLING GREEN 117.9 Ch 126 BWG
BEAVER CREEK 260 BVQ
KENTUCKY
TENNESSEE
UPPER CUMBERLAND REGIONAL AWOS-3 128.25
JACKSON 515 — 35
ONE GRAND (Pvt) 1000 — 25
LEE (Pvt) 570 — 26
Glasgow
Scottsville
Gallatin
Carthage
Hartsville
Tompkinsville
Portland
Red Boiling Springs
Lafayette
Westmoreland
Rich Pond
Alvaton
Edmonton
Gainesboro
6
10
N
E
S
W

PTERODACTYL
Private "(Pvt)" Non Public use having emergency or landmark value.
Abandoned-paved having landmark value.
Special Airport Traffic Areas
Special Air Traffic Rules
(See F.A.R. Part 93 for details)
ARRIVING VFR AIRCRAFT SHOULD CONTACT NASHVILLE APPROACH CONTROL WITHIN 20 NM ON 128.45 360.7
BOWLING GREEN WARREN CO REGIONAL (BWG)
BOWLING GREEN 117.9 Ch 126 BWG
LOUISVILLE
BEAVER CREEK 260 BVQ
GLASGOW (GLW) AWOS-3 118.525
715 L 46 122.8
TOMPKINSVILLE-MONROE CO (TZV) 1036 L 40 122.8
PORTLAND (1M5) AWOS-3 118.175
818 L 50 122.8
LAFAYETTE (3M7) 970 L 40 122.8
GALLATIN 214 GYN
SUMNER CO REGIONAL (M33) AWOS-3 132.725
KENTUCKY
TENNESSEE
Greencastle
Richardsville
Park City
Rocky Hill
Smiths Grove
Hiseville
Sulphur Well
Knob Lick
Glasgow
Edmonton
Eighty Eight
Summer Shade
Goodluck
Alvaton
Rich Pond
Meador
Barren River Lake
Roseville
Temple Hill
Freedom
Allen Springs
Scottsville
Tracy
Mud Lick
Chapel Hill
Fountain Run
Flippin
Tompkinsville
Petroleum
Rapids
Hestand
Gamaliel
Akersville
Mitchellville
Sugar Grove
Boles
Moss
Portland
Fountain Head
Westmoreland
Hermitage Springs
Red Boiling Springs
Bethpage
Castalian Springs
Hartsville
Pleasant Shade
Willette
Haydenburg
Stone
Gainesboro
Difficult
Dixon Sprs
cooling tower
GALLATIN
STEAM PLANT
Granville
Rome
Carthage
LEE (Pvt) 570 - 26
Elmwood
Chestnut Mound
New Middleton
Baxter
Double Sprs
Hickman
Lancaster
ONE GRAND (Pvt) 1000 - 25
Temperance Hall
Silver Point
Norene
UPPER CUMBERLAND REGIONAL AWOS-3 128.25
JACKSON 515 - 35
VORTAC NASHVILLE 122.55
underground
18
17
17
17

PTERODACTYL
Roll tightly
1
2
3
4
5
6
7
8
Smiths Grove
Rocky Hill
GLASGOW (GLW)
AWOS-3 118.525
715 L 46 122.8
Glasgow
Edmonton
BOWLING GREEN-WARREN CO REGIONAL (BWG)
ASOS 127.825
547 L 65 123.0
BEAVER CREEK
260 BVQ
Rockfield
Rich Pond
Alvaton
Meador
Barren River Lake
Roseville
Temple Hill
Eighty Eight
Summer Shade
Woodburn
Allen Springs
Austin
Freedom
Tracy
BOWLING GREEN
117.9 Ch 126 BWG
LOUISVILLE
Scottsville
Mud Lick
Chapel Hill
Petroleum
Holland
Fountain Run
Flippin
Rapids
Akersville
Gamaliel
Mitchellville
Haysville
KENTUCKY
TENNESSEE
Boles
PORTLAND (1M5)
AWOS-3 118.175
818 L 50 122.8
Sugar Grove
Portland
LAFAYETTE
245 LFB
Hermitage Springs
Fountain Head
Westmoreland
Lafayette
Red Boiling Springs
Bethpage
LAFAYETTE (3M7)
970 L 40 122.8
Cottontown
GALLATIN
214 GYN
Castalian Springs
Willette
Hardenburg
GALLATIN
Hartsville
Pleasant Shade
SUMNER CO REGIONAL (M33)
AWOS-3 132.725
Dixon Sprs
Difficult
Stone
STEAM PLANT
ARRIVING VFR AIRCRAFT SHOULD CONTACT NASHVILLE APPROACH CONTROL WITHIN 20 NM ON 128.45 360.7
Granville
LEE (Pvt)
Rome
Carthage
Elmwood
LEBANON
Chestnut Mound
New Middleton
LEBANON (M54)
AWOS-3 118.325
576 L 50 122.8
LEBANON
414 LUE
Hickman
Lancaster
Shop Springs
Watertown
Temperance
Silver Point
Baxter

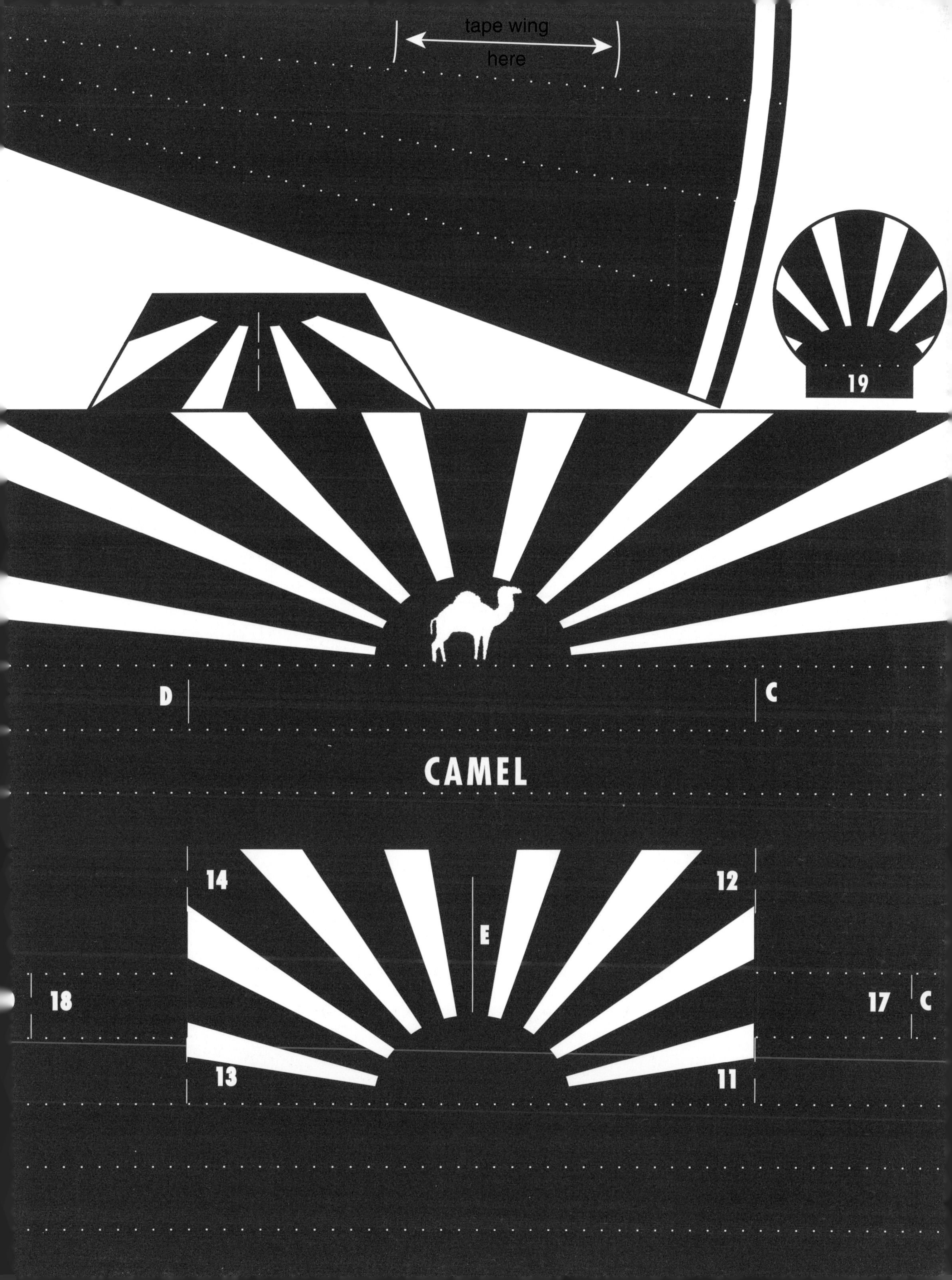
tape wing
here
19
D
C
CAMEL
14
12
E
18
17
C
13
11

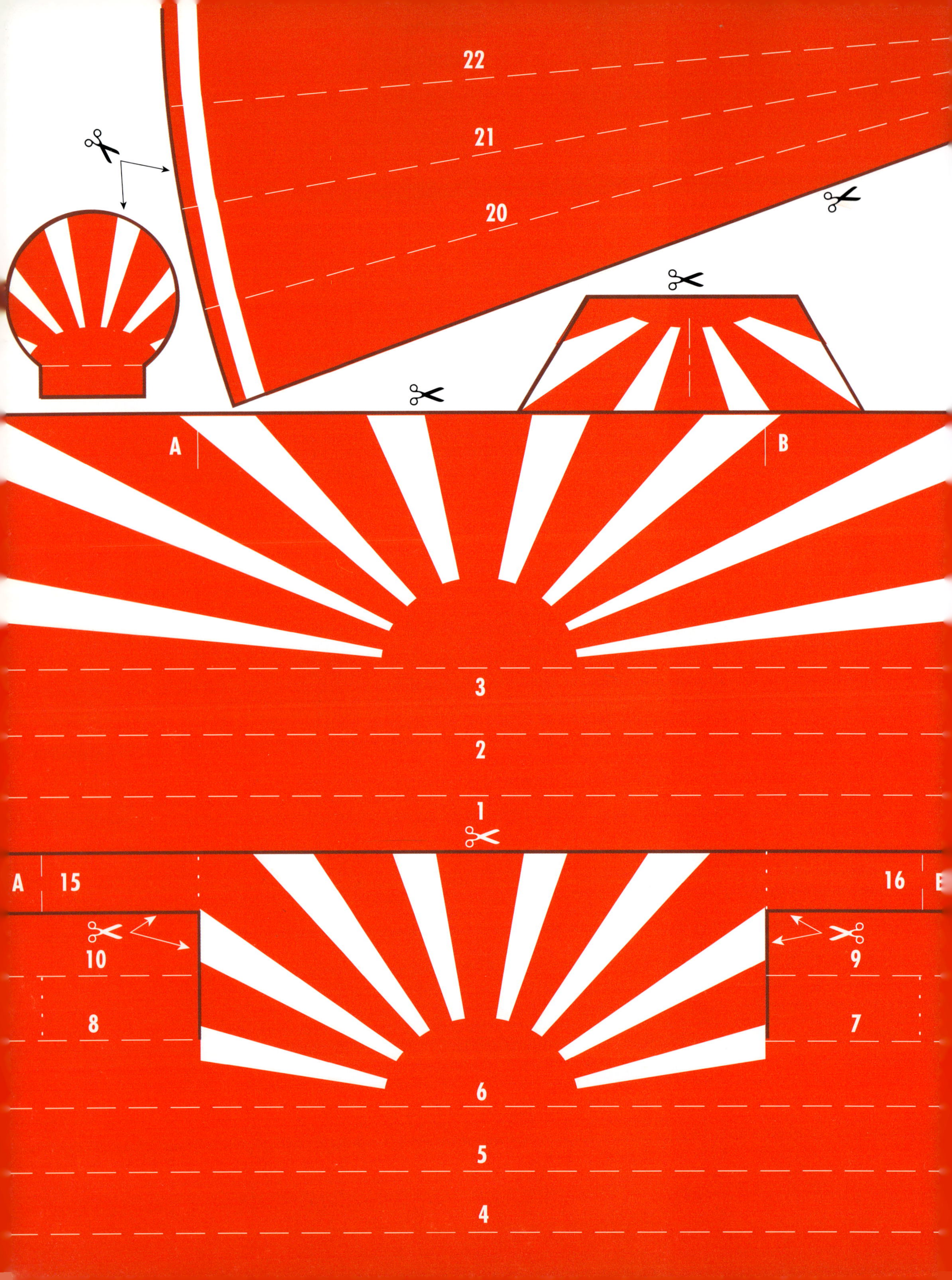
22
21
20
A
B
3
2
1
A
15
16
B
10
9
8
7
6
5
4

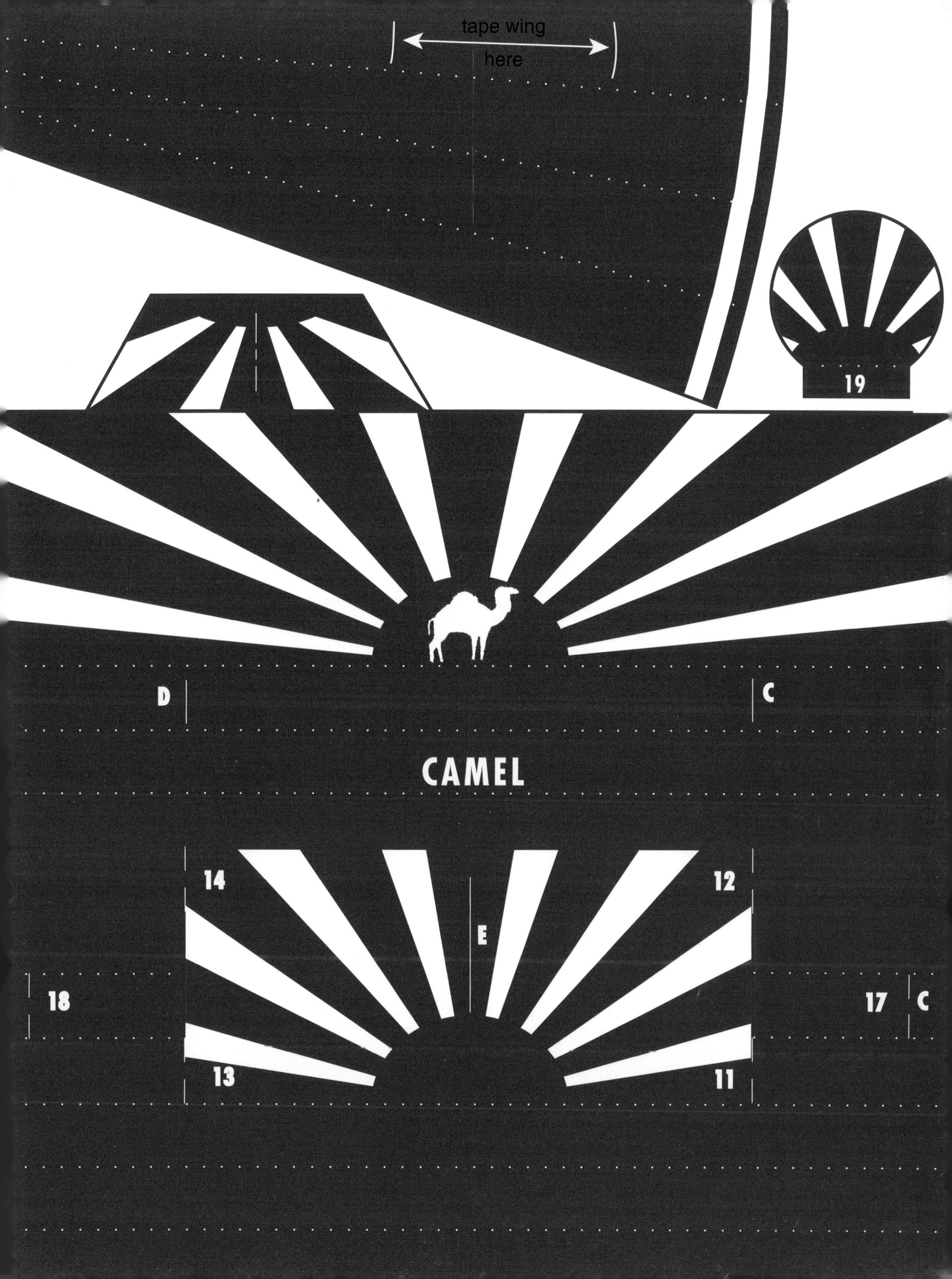
tape wing
here
19
D
C
CAMEL
14
12
E
18
17
C
13
11

22
21
20
A
B
3
2
1
A
15
16
10
9
8
7
6
5
4

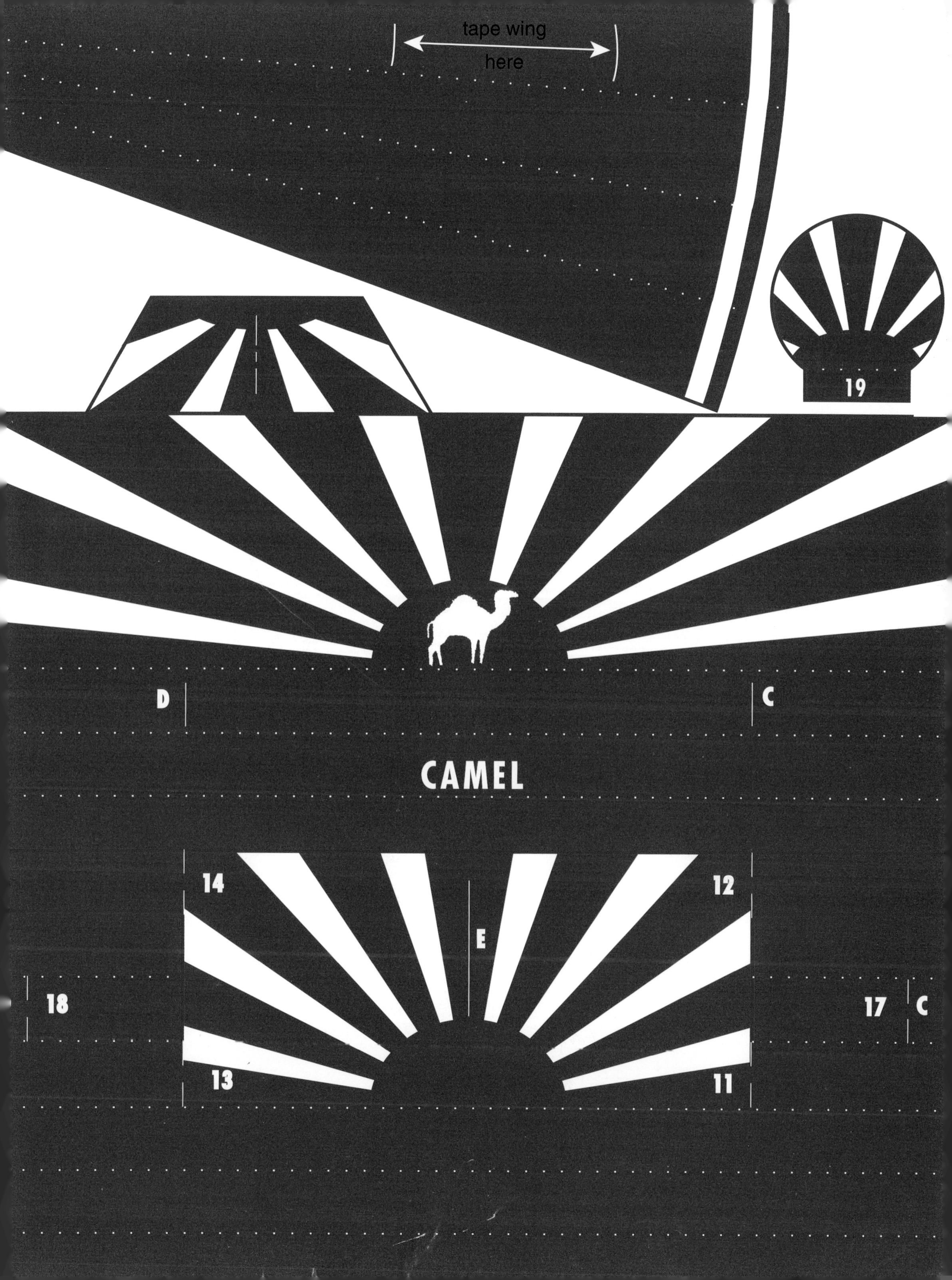
tape wing
here
19
D
C
CAMEL
14
12
E
18
17
C
13
11

22
21
20
A
B
3
2
1
A
15
16
10
9
8
7
6
5
4